Anita Emmel · Kleine und große Wunder

Anita Emmel

# Kleine & große Wunder

## Erstaunliche Geschichten und Berichte

*In unserer Welt gibt es sehr viel mehr,*
*als wir mit unserem Verstand erahnen können!*

Die Deutsche Bibliothek – CIP-Einheitsaufnahme
Anita Emmel
Kleine und große Wunder
Koblenz 2009
ISBN 978-3-935690-72-0

Herstellung und Vertrieb:
Görres-Druckerei und Verlag GmbH, Koblenz

# Anmerkung

Mit diesen Veröffentlichungen will ich nur historische Gegeben-
heiten dokumentieren und keine Werbung für irgendwelche Heil-
mittel machen. Dies betrifft sowohl den Einsatz von Gegenstän-
den, als auch anderswertige Handlungen oder Hilfestellungen.

Aus den Geschichten soll nicht der Eindruck erweckt werden, als
könne immer eine erfolgreiche Behandlung versprochen werden.

Nicht allen Menschen kann ich durch mein Tun helfen. Diesen
Eindruck möchte ich nicht vermitteln.

Nicht immer geschieht Heilung oder Besserung. Woran das liegt
weiß keiner genau.

Es ist einfach so.

Wenn nach ein paar Sitzungen keine Verbesserung geschehen ist,
beende ich die Behandlungen.

Dann braucht dieser Mensch vielleicht eine andere Unterstützung.

Zudem soll eine Erkrankung erst schulmedizinisch abgeklärt sein,
bevor eine spirituelle Heilweise begonnen wird.

Die in dem Buch erwähnten Personen erlauben ausdrücklich die
Veröffentlichung dieser Geschichten und verzichten insoweit auf
etwaiges Urheberrecht!

*Das Göttliche in unserem Leben,*
*es ist da und es zeigt sich!*


*Ich habe wieder gelernt*
*auf die Zeichen zu achten*
*und damit zu leben!*


*Alles, was in diesen Texten geschrieben steht,*
*entspricht der Wahrheit.*

*So habe ich es erlebt, erfahren*
*und empfunden.*

*Auch die Erfahrungsberichte,*
*die meine Mitmenschen hinzugefügt haben,*
*entsprechen dem Erlebten.*


Anita Emmel

# *Inhaltsverzeichnis*

Heilen

# *Vorwort*

Immer wieder wurde ich von Menschen, denen ich von diesen besonderen Erlebnissen, die ich hier erzähle, gebeten, diese aufzuschreiben. Einige haben sie selbst miterlebt. Sie fanden diese aufregend, spannend und hilfreich.

Einige erzählten auch, dass sie Gleiches oder Ähnliches selbst schon erlebt haben. Früher hätten sie sich oft nicht getraut darüber zu sprechen. Sie fühlten sich nicht ernst genommen. Oder sie hatten niemanden, mit dem sie ihre ungewöhnlichen Erlebnisse teilen konnten. Sie seien erleichtert jetzt endlich zu erkennen, dass das was sie erlebt hatten, normal, hilfreich, und gut war. Auch wenn es sie manchmal zuerst nicht verstanden oder sie etwas erschreckte.

Alles was hier geschrieben steht, habe ich wirklich erlebt. Dafür stehe ich. Da ich all diese Ereignisse nicht als Roman schreiben konnte, habe ich sie einzeln erzählt und aufgeschrieben. Jedes hat eine große Wirkung und positive Veränderung in meinen Sichtweisen, in meinem Leben und zum Teil auch im Leben meiner Umgebung bewirkt.

Ich habe viel von mir selbst und auch in „Ich-Form" geschrieben. Am liebsten hätte ich dies ausgelassen, oder anders dargestellt. Aber wie sonst könnte ich aufrichtig das rüberbringen, was ich erlebt und erfahren habe.

In den letzten Seiten, aber auch zwischendrin, befinden sich noch Erfahrungsberichte von Menschen, die diese zum Teil zusammen mit mir erlebt haben.

*Diese Texte sind in keiner Weise eine Therapie.*

*Sie ersetzen für psychisch Kranke
weder Arzt noch Therapeuten.*

*Es sind reine Erfahrungsberichte!*

# *Die Sonne*

*(Metapher für Sabrina)*

Im großen Universum, Weltall, gab es eine Sonne, die wollte für alle scheinen.

Sie füllte sich mit viel Eifer, Glut und Wissen. Sie strengte sich sehr an, ganz groß zu werden, um jedem etwas von ihrem Licht abzugeben. Jedoch, je mehr sie sich anstrengte für alle zu leuchten, musste sie feststellen, dass ihr Licht nicht für so viele reichte.

Durch die Anstrengung wurde sie immer schwächer, sie verlor immer mehr von ihrer Kraft und wurde immer dunkler.

In ihrer Nähe gab es einen kleinen Planeten, der im Sterben lag – ihm war sein Licht am ausgehen. Dieser kleine Planet hatte den Wunsch, noch einige Zeit im Weltall zu leben. Mit seiner letzten Kraft bat er die Sonne, die selber schon schwach war von all ihren Anstrengungen, ihm etwas von ihrem Licht abzugeben.

Die Sonne hatte Mitleid mit dem kleinen Planeten und schickte all ihr restliches Licht zu ihm. Der kleine Planet nahm das wenige Licht an, das da noch ankam, und dieses machte ihn wieder stark. Er wurde mit jedem Lichtstrahl, auch wenn er noch so schwach war, immer stärker und stärker. Seine Freude darüber wieder stärker zu werden, gab ihm noch mehr Kraft. Er wurde so stark, dass er wieder am Planetenleben im Universum teilhaben konnte.

Sein Dank an die Sonne war groß.

Darüber freute sich die Sonne und sie merkte, dass die Freude, auch nur einem Planeten geholfen zu haben, ihr ganz viel Kraft gaben und durch diese Freude ihr eigenes Licht wieder zu scheinen begann. Sie beschloss nun sich den einzelnen Planeten zu widmen und besonders für die zu scheinen, die ihrer Hilfe bedurften.

Da wuchs in ihr eine unendlich große Kraft, und ihr Licht wurde wieder ganz hell.

Da beschloss die Sonne für die zu scheinen, denen sie eine Hilfe sein konnte, und sie wurde so hell, dass sie auch für viele andere Planeten noch Licht übrig hatte.

Und alle waren zufrieden. Und Licht und Liebe flossen von jedem zu jedem.

Anita Emmel

# In meinem Leben habe ich tiefe Gotteserfahrungen gemacht

Immer wieder frage ich mich: „Warum, warum passiert gerade mir so etwas?"

Ich weiß es nicht! Was mir in der letzten Zeit klar wurde ist, dass ich die spirituellen Erfahrungen und auch tiefen Gotteserfahrungen nicht für mich behalten soll und auch nicht will. Ich möchte es weitererzählen!

Was mir geschehen ist, kann wahrscheinlich jedem Menschen geschehen, geschieht sicher auch oft, ohne dass dieser es merkt oder beachtet.

Dies schreibe ich auch auf, weil mir klar wurde, dass ich selbst die Hilfen und Hinweise oft nicht als solche erkannt habe. Habe ich sie dann erkannt, habe ich sie nicht ernst genug genommen oder aber auch nicht verstanden – oder wollte sie nicht verstehen. Sie waren zum Teil anders, als ich eine Hilfe erwartet hätte.

… und da war dann noch die Angst, dass ich mir das alles nur einbilde oder dass ich alles falsch mache. Die Angst, wenn ich etwas falsch mache, dafür bestraft zu werden.

Jetzt, heute weiß ich, dass alles richtig war. Alles was ich erlebt und erfahren habe, vor allem auch das Schlimme, das Schwere, für mich persönlich, für meinen ganz persönlichen Lebensweg, genau das gewesen ist was mir geholfen hat, zu diesen Erkenntnissen zu gelangen.

Ich habe viel lernen dürfen!

Ich schreibe dies auf, um denen, die auf der Suche sind, Mut zu machen, nicht nur auf ihren Kopf, sondern öfter auch mal auf ihren Bauch und ihr Herz zu hören!

Und der zu sein oder zu werden, der er in Wahrheit ist. Ein liebender, mitfühlender und auch geliebter Mensch.

Lange Zeit lebte ich so, wie ich meinte, dass die anderen es in dieser Art von mir erwarten.

Viel habe ich gelernt und auch erkannt. Jetzt, heute lebe ich mich selbst, so weit es mir möglich ist.

Ich mache Fehler und ich werde auch weiter in meinem Leben Fehler machen. Ich bin nicht perfekt und werde es auch nicht sein. Kein Mensch kann das. Aber ich weiß mich getragen und habe das Vertrauen, trotz allem nicht allein, sondern von dem Großen immer wieder angenommen und gehalten zu sein. Wie jeder andere Mensch auch. Nicht mehr und nicht weniger ... und ich lasse es zu!

# *Keine frommen Worte*

Als ich das Buch zu schreiben begann, machte ich mir viele Gedanken darüber, was ich einbringen, welche Erlebnisse ich aufschreiben und wie ich es gestalten sollte.

Ich hatte überhaupt keine Ahnung, geschweige denn Erfahrung.

Eines Tages schickte ich dann die Bitte nach „oben", einen Hinweis zu erhalten, wie ich das Buch gestalten oder auf was ich besonders achten sollte.

„Keine frommen Worte!" kam die Antwort, kurz, klar und deutlich!

Ich musste lachen. „Keine frommen Worte"! Jetzt habe ich es einfach, ich schreibe nur dass, was ich wirklich erlebt und wie ich es selbst empfunden habe.

# Meine Geschichte

In einem kleinen Dorf im Hunsrück, auf einem kleinen Bauernhof, bin ich aufgewachsen. Geschwister hatte ich keine. Meine Mutter arbeitete im Haus und in der Landwirtschaft. Mein Vater war noch als Arbeiter beschäftigt, weil der Bauernhof nicht groß genug war, um vom Ertrag zu leben. Meine Oma, die mit in der Familie lebte, starb als ich elf Jahre alt war.

Ich hatte in meiner Kindheit viel Angst und war sehr unsicher. Wirklich reden konnte ich mit keinem.

Schon damals bemerkte ich, dass ich mit meinen Händen Schmerzen lindern konnte. Auch hatte ich spirituelle Erlebnisse und wusste manchmal sogar, was in Zukunft passieren würde. Mit diesen Dingen fühlte ich mich alleine gelassen. Wenn ich davon erzählte, verstand mich keiner – also ließ ich es sein.

Nach der Schule machte ich eine Hauswirtschaftslehre und arbeitete dann weiter im elterlichen Betrieb und in einer Fabrik. Ich heiratete früh und wir bekamen zwei Kinder. Eine Tochter und einen Sohn. Als unsere Tochter sechs Monate alt war, ich selber war gerade zwanzig Jahre alt, starb meine Mutter. Wir gaben die Landwirtschaft auf und ich kümmerte mich um die Familie.

In meiner Freizeit wurde ich künstlerisch tätig. Ich liebte die Malerei, und diese wurde bald zu meinem Lebensinhalt. Mehrere Jahre arbeitete ich in einer Firma, in der künstlerische Glasfenster mit Glasmalereien hergestellt wurden.

Das Interesse am religiösen und den spirituellen Geschehnissen war aber immer geblieben.

Durch eine Freundin kam ich mit dem geistigen Heilen in Berührung.

Durch verschiedene Seminare, Heilerausbildungen, und Ausbildung in systemischer Lebensberatung, kam ich wieder mit den guten Heilkräften in Berührung. Ich erinnerte mich wieder an die Erlebnisse in meiner Kindheit und meinen sehnlichen Wunsch von damals, einmal als Heilerin tätig zu sein. So konnte ich meinen Erfahrungen einen Halt und Rahmen geben. Ich hatte sehr interessante Erlebnisse, machte viele gute Erfahrungen, und wusste bald – das ist mein Weg.

Zwischendurch, aber auch schon früher, hatte ich auch immer wieder ganz tiefe spirituelle Erfahrungen.

Alles war wichtig, so konnte ich meinen eigenen Weg finden, zurück in das Ursprüngliche, in die Einfachheit.

Gott ist der Heiler, ich bin nur sein Werkzeug, eine Übermittlerin, Überbringerin seiner Heilkraft.

# *Aufstellungsarbeit – Ausbildung*

Als ich mit Heilbehandlungen und Handauflegen bei anderen Menschen anfing, erzählten die Hilfesuchenden nicht nur von ihren körperlichen Leiden, sondern einige von ihnen erzählten auch von ihren Sorgen und seelischen Nöten. Mir wurde ganz schnell klar, dass ich hier nicht helfen konnte, sondern dass es unverantwortlich von mir war hier überhaupt als Laie, der nur wenig Ahnung hatte von der menschlichen Psyche und Seele, eine Antwort zu geben. Ich wurde mir bewusst, dass ich mit meiner Unwissenheit mehr Schaden anrichten konnte, als ich hätte gutmachen können.

Es ergab sich die Möglichkeit, eine Ausbildung in systemischer Lebensberatung zu machen.

Zuvor hatte ich eine solche Beratung selber bei einer Therapeutin in Anspruch genommen. Damals ging es mir seelisch sehr schlecht. Nach wenigen Beratungen verbesserte sich mein Zustand wesentlich. Das hat mich sehr beeindruckt.

In der systemischen Lebensberatung geht es um das System der Herkunftsfamilie, die Systemmitglieder und die Beziehungen, Geflechte und Schicksale in der Familie. Die Beschwerden, körperlich und seelisch, können schneller vergehen, wenn der Mensch die Ursache und Hintergründe dafür erkannt hat.

Diese Ausbildung war mit viel Eigenarbeit verbunden. Nirgends sonst hätte ich mehr über die Menschen lernen können, als dort.

Es geht immer um die Liebe, Wertschätzung, Achtung, Würde und Freiheit des einzelnen Menschen.

# Die Erfahrung mit den drei Bäumen

Als Kind und auch noch als junger Mensch hatte ich sehr viele Ängste und Hemmungen.

In vielen Bereichen war ich total blockiert.

Eines Morgens, bei der ganz normalen Hausarbeit geschah Folgendes:

Vor unserem Haus ist eine Zwischentür, die hinters Haus auf die Wiese und zum Garten führt. Ich öffnete die Tür um dorthin zu gehen. In dem Moment als ich die Tür öffnete und auf die Wiese schaute, erschrak ich furchtbar. Der Kirschbaum der dort stand hatte ein Gesicht. Die Baumkrone war ein Kopf mit einem Gesicht, das mich anschaute. Schnell ging ich zurück und schlug die Tür zu, Angst kam wieder in mir hoch. „Du spinnst, das kann nicht sein, das bildest du dir ein", dachte ich. Nach ein paar Minuten, als ich mich beruhigt hatte, öffnete ich die Türe erneut, der Baum hatte noch immer dieses Gesicht und zwei weitere Bäume hatten Gesichter, die mich ebenfalls anschauten.

Wieder schlug ich die Türe zu und ging zurück.

„Jetzt werde ich verrückt, jetzt werde ich schizophren", war mein Gedanke, „das ist doch nicht wahr, so etwas gibt es doch nicht, kann gar nicht sein."

Es vergingen etwa 15 Minuten.

Dann passierte etwas mit mir, in meinem Kopf, in meinem Körper. Eine Art Schauer, ein Ruck ging durch mich hindurch. Plötzlich war alles anders. Etwas war mit mir geschehen. Ich konnte anders sehen.

In dem Baum erkannte ich plötzlich ein „DU", ein Gegenüber! Der Baum mir gegenüber war jetzt wie eine andere Person zu

erkennen, ein anderes Wesen, mir gleichgestellt, das mich anschaute. Meine Augen, mein Herz konnten von da an die Welt,
die Schöpfung, sehen und erleben, so wie sie wirklich war und ist.
Jeder Baum, jede Blume, jedes Tier, jeden Stein als Besonderheit,
als ein einzigartiges wunderbares Geschöpf.

Vorher waren es Bäume, Blumen, Tiere, na ja, ganz nett. Sie gefielen mir, ich mochte sie. Sie sind halt da.

Aber jetzt sind sie lebendige Wesen, ich lebe mit ihnen, bin verbunden, eins mit ihnen und der Schöpfung in einer „Du-und-Ich"-
Beziehung.

Auf ganz besondere Weise hat der Himmel mir geholfen. Die Tren-
nung von der Natur, meiner Umwelt, meine Wahrnehmung hat
sich geklärt. Ich hatte eine neue Sichtweise für die Welt erfahren.

# Hilf den Menschen und erzähl von Gott

Es ist viele Jahre her, dass ich eines Tages im Wald spazieren ging. Damals machte ich mir Gedanken darum, wie mein Leben weitergehen soll. Unsere Kinder waren aus dem Haus und die Arbeit die ich damals ausübte, erfüllte mich nicht ganz, obwohl ich sie mit viel Freude machte. Irgendwie spürte ich in meinem Inneren, dass es das nicht war, was ich den Rest meines Lebens tun wollte – oder sollte. Ich war auf der Suche.

Als Kind war ich fasziniert von Dingen und Kräften, die man nicht erklären konnte. Einiges hatte ich erlebt.

Außerdem war ich fasziniert von Menschen, die wir „brauchten". „Brauchten" ist in unserer Region eine Bezeichnung für „gesund beten". Bei uns im Nachbarort war so eine Frau, zu der man gehen konnte, wenn man an einer Hautkrankheit litt. Die meisten Menschen die zu dieser Frau gingen, wurden geheilt. In mir war schon lange der Wunsch, so etwas tun zu können.

Ich war so in Gedanken versunken, als ich plötzlich den Impuls hatte, Gott zu fragen: „Was kann ich tun?" Im gleichen Augenblick durchfuhr mich ein Gedanke, ich hörte eine Stimme die sagte: „Hilf den Menschen und erzähle von Gott."

„Hilf den Menschen und erzähle von Gott" – so etwas hatte ich bis dahin noch nicht erlebt. Ganz klar, ganz deutlich waren diese Worte. Fast wie ein Befehl.

Den Menschen helfen, okay, da gab es sicher Möglichkeiten, wenn ich auch im Moment nicht wusste, wie. Aber „erzähl von Gott", dass ging zu weit. Mein Leben lang hatte ich Probleme mit Gott. Ich wollte an Gott glauben, war auch immer auf der Suche, aber es war für mich unendlich schwer. Ich war in einer Gesellschaft groß geworden, die zwar immer vom lieben Gott sprach im gleichen Atemzug aber vermittelte, dies ist Sünde, das ist Sünde, fast alles war Sünde. Nur die Katholiken kommen in den Himmel. Alle andern bestenfalls ins Fegefeuer. In meiner Kindheit tat ich mich sehr schwer damit, und es hing mir bis dahin nach.

Jetzt sollte ich von Gott erzählen!

Ich war total hilflos, überfordert, an alles Mögliche hatte ich gedacht, aber nicht an so was.

Von diesem Moment an wurde mein Leben anders:

Es war ein Dilemma – ich hatte keine Ahnung, doch ich machte mich auf die Suche!

# Nichts geht verloren, Gott ist barmherzig

Es war ein schöner Spätnachmittag. Ich ging durch die Wiesen und Wälder um unser Dorf herum spazieren. Ich fühlte mich wohl, dachte eigentlich an nichts Besonderes.

Plötzlich durchfuhr ein heftiger Schauer meinen Körper. Wie aus weiter Ferne, vom Horizont her vernahm ich die Worte: „Nichts geht verloren, Gott ist barmherzig!"

Sogleich spürte ich in mir einen bis dahin nie gekannten Frieden, eine unglaubliche Ruhe und Gelassenheit. Ein wunderschönes Gefühl.

Früh manifestierte Sorgen wurden mir genommen – als Kind wurde ich gelehrt: Nur Katholiken kommen in den Himmel. Ich sollte in den Himmel und meine Freunde und Freundinnen die evangelisch waren, sollten in die Hölle kommen.

Ich wollte das nicht glauben, musste es aber. Es war grausam. „Was der Pastor sagt ist Gesetz, und wenn du es nicht glaubst, dann straft dich der liebe Gott, und du kommst auch in die Hölle." Und vor der Hölle, vor dem Feuer, hatte ich furchtbare Angst.

Jetzt dieses Erleben. Endlich hatte ich Gewissheit, dass Gott anders ist. Ich spürte es genau.

# *Mach dir klar*

Dies erlebte ich beim Meditieren:

Plötzlich hatte ich eine Vision, eine Eingebung. Innerlich, hoch oben sah ich eine Tür, ein Tor, von dem herab viele Treppenstufen zu mir hin führten. Aus der Tür, dem Tor heraus schien ganz helles, leuchtend gelb-goldenes Licht. Dieses Licht kam plötzlich auf mich zu, mit großer Geschwindigkeit und Kraft. Es drang in mich hinein, in meinen Körper. Ich spürte, wie es in mein Innerstes drang, in mein ganzes Fleisch. Immer mehr Licht, mit ungeheuerer Kraft kam hinzu. Ich hatte starke Schmerzen, es tat weh. Nach ein paar Minuten, ich weiß nicht wie lange, ließ es nach. Dann dies:

„Du wirst noch viel erleben, aber mach dir klar, dass du nicht einen Pfennig mehr wert bist als irgendjemand anderer auf der Welt", hörte ich plötzlich eine Stimme zu mir sagen. Ich war total erschrocken, erschüttert. So etwas hatte ich bis jetzt noch nicht erlebt. Noch nie hatte eine Stimme so klar, so deutlich mit mir gesprochen. Ich brauchte ein paar Minuten, um mir klar zu werden, dass ich nicht träumte.

Dann war die Stimme wieder da und redete mit mir. Ich konnte sogar Antwort geben. Was besprochen wurde, weiß ich nicht mehr. Es war ein gutes Gespräch.

Damals habe ich mir noch keine Notizen gemacht.

Die ersten Worte: „Mach Dir klar, dass du nicht einen Pfennig mehr wert bist, als irgendjemand anderes auf der Welt", sind mir bis heute hängengeblieben und begleiten mich in meinem Leben und bei meiner Arbeit!

# *Der Tod meiner Mutter*

Ich war 20 Jahre alt als meine Mutter starb. Sie lag im Krankenhaus, in einem Einzelzimmer im Sterben. Mein Vater und ich waren bei ihr. Spät in der Nacht schloss sie ihre Augen für immer.

Für mich war es ganz furchtbar. Ich weiß noch, dass ich in ein anderes Zimmer ging, mich auf eine Liege legte und ganz furchtbar weinte. Mitten in meinem Schmerz und meiner Trauer war das ganze Zimmer mit einem gelb-orangenen, wunderschönen Licht erfüllt und eine Stimme sagte ganz klar und deutlich: „Mir geht es gut!"

„Mir geht es gut", meine Mutter hatte mir eine Botschaft geschickt, dass es ihr dort, wo sie jetzt ist, gut ging.

Dies war für mich ein großes Geschenk, eine Erleichterung. Ich konnte anders mit meiner Trauer umgehen.

# *Nahtod-Erfahrungen*

Mit meinen Eltern fuhr ich zu ihren Freunden an die Mosel. Wenn im Sommer schönes Wetter war, ging ich mit den Kindern der Familie ins Schwimmbad. Das war immer ein besonders schönes Erlebnis.

Richtig schwimmen konnte ich noch nicht. Deshalb machte ich meine ersten Versuche im Nichtschwimmerbecken. Wir hatten immer viel Spaß.

Eines Tages, es war immer ein Sonntagnachmittag wenn wir dort waren, setzte ich mich im Schwimmbad ans Becken für die Schwimmer und unterhielt mich mit meinen Freunden, die im Wasser waren und schon schwimmen konnten. Ich ließ dabei die Füße im Wasser baumeln. Plötzlich sah ich wie ein großer Junge schnell herbeigelaufen kam.

Ehe ich mich versah, gab er mir einen heftigen Schubs und ich stürzte ins Wasser.

Es geschah etwas Eigenartiges. Mein bis dahin noch junges Leben lief wie ein Film an mir vorbei, es war wunderschön. Ich sah meine Eltern, die Erlebnisse, die ich hatte – alles nacheinander. Ein wunderschöner Farbfilm. Gleichzeitig fühlte ich mich total wohl, geborgen und froh.

Als ich die Augen wieder öffnete merkte ich, wie ein Junge mich an den Beckenrand zog, er hatte mir gerade das Leben gerettet.

Froh war ich darüber überhaupt nicht, ich war total enttäuscht, dass der Film, oder genauer gesagt, das was ich gerade erlebt hatte, schon vorbei war. So schön wie es dort war, und so glücklich und wohl hatte ich mich noch nie gefühlt. So etwas kannte ich nicht.

Lange Zeit danach erinnerte ich mich noch sehr gerne an dieses Erlebnis und fragte mich als Kind immer wieder, was das wohl war.

## Zweite Erfahrung

Ich hatte Nierensteine und wurde operiert. Damals war ich etwas über zwanzig Jahre alt. Alles schien gut gelaufen zu sein.

Am zweiten Tag nach der Operation halfen mir zwei Krankenschwestern mich aufzusetzen. Als ich mich gerade gesetzt hatte, durchfuhr mich ein fürchterlicher Schmerz. Ich schrie auf. Mein Aufschrei war das Letzte, woran ich mich in „dieser Welt" erinnere. Wieder erlebte ich, dass mein Leben an mir vorbeilief wie ein Film. Mein ganzes Leben mit wahrscheinlich allen wichtigen Ereignissen und Personen, daran erinnere ich mich noch. Ich war glücklich, anders kann ich es nicht sagen, total glücklich. Es war wunderbar, dieses Erleben, einfach nur wunderbar.

Als ich die Augen wieder öffnete, erkannte eine Ordensschwester, die an meinem Krankenbett saß. „Da sind sie dem Teufel aber in allerletzter Minute von der Schippe gesprungen", sagte sie lachend und erklärte mir, dass ich großes Glück gehabt hatte. Ob das so ein großes Glück war wieder im Leben zu sein, da war ich mir nicht so sicher. Ich war eher enttäuscht, dass das, was ich soeben erlebt hatte, vorbei war. Ich hatte einen Ehemann und ein Kind, die auf mich warteten, trotzdem trauerte ich dem Erlebten nach.

Meine Zimmernachbarn erzählten mir später, dass die ganze Station in Aufregung gewesen war. Eine große Ärzteschaft hatte sich um meine Wiederkehr ins Leben bemüht. Es erstaunte mich sehr. Von all dem hatte ich nichts mitbekommen.

Nur meine innere Erfahrung!

# Heike und das Telefonat

Eigentlich war alles an diesem Abend für mich normal und in Ordnung. Plötzlich musste ich an eine junge Frau denken, die ich vor einiger Zeit kennengelernt hatte. In mir kam der Satz hoch: „Ruf die Heike an, ruf die Heike an." „Was soll denn das", dachte ich, „ich kann doch diese Frau nicht anrufen, ich kenne sie doch kaum und was erzähle ich ihr?" Für mich war klar, dass ich diese Frau nicht anrufen wollte. „Ruf die Heike an, ruf die Heike an!" Immer wieder spukte dieser Satz in meinem Kopf herum. Ich wurde ihn nicht los. Er wurde nur immer stärker und stärker, so dass es mich regelrecht schüttelte. Mir wurde fast schlecht.

Nach einiger Zeit, ich konnte es kaum noch ertragen, überwand ich mich und wählte ihre Nummer. Ich meldete mich mit den Worten: „Hallo hier ist die Anita aus Kappel."

„Nein, das gibt es nicht", hörte ich ihre Stimme durch den Telefonhörer total aufgewühlt.

„Dass du gerade jetzt anrufst, das ist doch nicht normal", rief sie.

Heike erzählte: Gerade einen Moment bevor das Telefon geläutet hatte, habe sie an ihrer Haustür gestanden und laut und wütend gegen den Himmel geschrien: „Und es gibt dich doch nicht!"

Sie habe einen ganz schlimmen Tag gehabt, sei aus lauter Verzweiflung fast sogar absichtlich, mit ihrem Auto gegen einen Baum gerast. Der Gedanke an ihre kleinen Kinder habe sie gerade, im letzten Moment, noch davon abgehalten. Sie sei völlig verzweifelt und durcheinander. Auf Gott und alles was damit zu tun hat, hätte sie eine Riesenwut bekommen, deshalb habe sie in ihrem Zorn gegen den Himmel geschrien: „Und es gibt dich doch nicht!"

„Und jetzt gerade, jetzt in diesem Moment, wo ich das getan habe, rufst du an!" (Wir beide wussten voneinander, dass wir uns für Gott und Spirituelles interessierten.)

Ich erzählte Heike, wieso und warum ich sie angerufen hatte. Sie war sprachlos.

Da hat wohl einer eingelenkt. „Und es gibt ihn doch", sagte Heike, „das war ein klares Zeichen!"

Seit diesem Ereignis achte ich darauf, wenn Wünsche und Impulse kommen, jemanden anzurufen. Manchmal ist es wirklich so, dass gerade in diesem Moment, ein Gespräch mit dem Anzurufenden wichtig war. Aber, Gott sei Dank, ist es meist einfach nur schön, sich mit Menschen am Telefon mal gut und nett zu unterhalten.

# *Lichtstrahl*

*Eine Vision*

Von rechts oben kam ein gelb-goldener, breiter Lichtstrahl. Er traf meinen Körper und ich spürte, wie er in mich drang. Es war wie eine große Kraft. In dem Moment war mir klar, dass sich etwas Wichtiges ereignete.

Es war, als werde ich ein anderer Mensch. Langsam, Stück für Stück, ich spürte es sogar in meinen Organen, in meinem ganzen Körper. Langsam wurde ich gewandelt, verwandelt. Ich war dabei ganz ruhig und gelassen, und beobachtete dieses Geschehen, das mit mir, das in mir, in meinem Körper und Geist passierte. Ich empfand dabei Ruhe und ich wusste, dass ich mich nicht zu fürchten brauchte. Es war hochinteressant, diese Wandlung, Verwandlung zu spüren.

Und ich wurde anders – ich bin anders. Alles nahm ich ganz wach und klar wahr.

Mein ganzes Wesen war wie umgewandelt:

Vorher war ich viel unsicherer, ängstlicher, fühlte mich gehemmt, traute mich kaum, etwas zu sagen. Ich machte mich selber „klein". Jetzt schaute ich mich um und empfand einen großen Frieden, einen Herzensfrieden. Alles, an was ich dachte, war gut. Über nichts und niemand konnte ich ein schlechtes oder gar böses Gefühl entwickeln. Es war alles nur friedlich und voll Harmonie. Alles ist gut. Ich kann das Gute erkennen.

Etwas Gutes ist zu mir gekommen. Danke.

Ich lernte auch das Gute aus den einzelnen Situationen der Vergangenheit zu sehen und anzunehmen.

# Das Universum
## stürzte in mich hinein

Es geschah Folgendes:

Plötzlich kam ein Licht von außen in mich hinein. Gleichzeitig, zusammen mit dem Licht sah und spürte ich, wie die Planeten, die ganzen Gestirne des Universums in mich hineinstürzten, nacheinander, ein nie endender Fluss von großen und kleinen Planeten, die mich, meinen Körper, füllten. Eine ungeheuere Kraft, die kaum auszuhalten war.

Als es aufhörte fühlte ich mich mit allem Existierenden verbunden, vereint.

Von nichts und niemandem auf der Welt war ich mehr getrennt.

**Ich habe das Licht erfahren,**

**ich habe die Liebe erfahren,**

**ich habe das Einssein erfahren,**

**dazu stehe ich.**

# *Vereinigung*

In mir, mit mir, ich bin Licht, alles Licht und Frieden, das sich mit Licht und Kraft vereint. Völlige Loslösung, Verschmelzung, Vereinigung. Frieden, Liebe, keine Worte.

Der Vater und ich sind eins.

# *Fragen – Antworten*

Viele, viele Fragen, ich habe unendlich viele Fragen.

Habe ich eine ernsthafte Frage auf die ich keine Antwort finde und Gott, Jesus, um Hilfe bitte, geschieht meist das folgend Beschriebene: Ich bekomme Impulse, zum Beispiel zu meinem Bücherregal zu gehen. Schaue ich dann auf die Bücher, spüre ich in meinem rechten Auge einen leichten stechenden Schmerz. Dies sehe ich als Zeichen dafür, welches Buch ich in die Hand nehmen soll. Habe ich das Buch dann in meiner Hand, bekomme ich einen weiteren Impuls, auf welcher Seite ich das Buch aufschlagen soll. Auch dem Impuls folge ich. Auf dieser Seite finden sich die Antwort oder Hinweise, die mir weiterhelfen. *Dies habe ich viele hunderte Male erlebt* und dadurch großes Vertrauen bekommen.

Wenn ich Gott frage, wer sonst soll mir dann Antwort geben?

Bittet und ihr werdet empfangen!

# *Gott ist zärtlich*

Ich hörte die Worte: Gott ist zärtlich!

Gott ist zärtlich? Ich überlegte!

Die Impulse, die Berührungen, die Hinweise sind oft kaum wahrzunehmen. Sie sind häufig ganz zart. In einem sanften Schauer der durch den Körper geht, in einer zarten Berührung, die man spürt und dann ist niemand da, den man sieht. Man spürt etwas Liebevolles in seiner Nähe, so, als wäre jemand da, sieht aber niemanden.

Auch so kann Gott sich zeigen.

# *Das Lachen des Kindes*

Eines Abends rief eine Frau mich an und bat um Hilfe für ihre Tochter. Diese war im dritten Monat schwanger und freute sich auf das Kind. Jetzt war die werdende Mutter im Krankenhaus. Sie war schwer gestürzt und es bestand die Gefahr, dass sie das Kind verlieren würde. Sie bat nun ihre Mutter darum, mich zu verständigen und um Hilfe zu bitten.

Ich machte eine Fernbehandlung und bat dabei Gott und seine Engel um Hilfe und Heilung für die Frau und ihr werdendes Kind. Dabei fiel ich in eine tiefe Meditation.

Plötzlich nahm ich innerlich das Kind wahr. Ich konnte es nicht richtig sehen, spürte aber seine Nähe ganz deutlich. Mit großer Leichtigkeit, beschwingt und voller Freude, schwebte es vor mir hin und her, als würde es tanzen. Dann war ich so nahe bei ihm, dass es mir vorkam, als würden wir beide, das Kind und ich, zusammen schweben und tanzen. Ich kann es nicht anders beschreiben. Dabei hörte ich es laut lachen. Es war ein wunderschönes Erlebnis.

Nach der Meditation, hatte ich die Vermutung, dass dies ein Zeichen gewesen sein könnte, dass das Kind überleben und geboren werden würde. Natürlich konnte ich es nicht wissen.

Die Mutter wurde wieder gesund und das Kind, ein Junge, wurde gesund geboren.

Als er ein paar Monate alt war und ich die Familie einmal besuchte, hörte ich ihn zum ersten Mal lachen.

Zu meiner großen Überraschung stellte ich fest, dass es das gleiche Lachen war, das ich in der Meditation gehört hatte.

# Es ist das Werk der Liebe Gottes

Mein Mann kam vor einigen Jahren abends aus unserm Dorf nach Hause.

Er erzählte, dass man Peter suchte. Er sei verschwunden. Peter war ein ganz netter, junger Mann aus unserem Dorf. Mein Mann und auch ich konnten das nicht glauben. Gerade bei Peter nicht. Unserer Meinung nach waren da wieder diverse Gerüchte im Dorf unterwegs, die jemand in die Welt gesetzt hatte.

In der folgenden Nacht hatte ich einen Traum.

Ich war auf dem Friedhof. Die Sonne schien und die großen Linden, die dort standen warfen ihre Schatten. Dann sah ich den Kopf von Peter, sein Gesicht, wie er auf mich zukam und vor mir hin und her, vor und zurück schwebte. Er sah gut aus. Dann sah ich seine Eltern. Sie waren auch auf dem Friedhof. Mir fiel auf, dass Werner, der Vater des jungen Mannes, längere Haare hatte als sonst, was mich sehr verwunderte.

Als ich am nächsten Morgen aufwachte, ließ mich der Traum nicht mehr los. Ich machte mir Sorgen und ging dann bald zum Haus der Familie um nachzufragen, ob es wahr ist, dass Peter nicht da sei.

Es war wirklich so, er sei seit zwei Tagen verschwunden und alle machten sich große Sorgen und er würde schon überall gesucht. Ich erschrak, von meinem Traum erzählte ich ihnen nichts. Wenige Stunden später erfuhren wir dann, dass man ihn gefunden hatte. Er war freiwillig aus dem Leben gegangen.

Am Tag seiner Beerdigung half ich beim Kaffeekochen im Gemeindesaal. Deshalb konnte ich nicht mit zur Beerdigung gehen. Abends, als alles vorüber war, ging ich alleine zum Friedhof zu seinem Grab. Zu meinem großen Erstaunen war das Grab genau an der Stelle, an der ich im Traum gestanden hatte. Auch die Sonne schien, und die Linden warfen ihre Schatten. Dann kamen die Eltern von Peter auf den Friedhof.

Dort fiel mir auf, dass sein Vater wirklich die Haare länger hatte, als sonst.

Der Traum war wahr gewesen. Heute steht für mich fest, dass es ein Zeichen war. Das Leben nach dem Tod geht weiter.

# *Traum*

*Ich bin nicht dumm!*

In einem Traum war plötzlich meine Mutter da. Sie sah sehr gut aus und hatte ihre Haare schön frisiert.

Aber sie sah mich sehr böse an und sagte: „Ich bin nicht dumm!"

Ich erschrak zutiefst, wirklich zutiefst, bis ins Mark. Was war das? Jahrelang hatte ich kaum an meine Mutter gedacht. Und wenn, dann sehr verhalten.

Ich war gerade 20 Jahre alt, als sie starb. Geschwister hatte ich keine. In Gedanken machte ich ihr oft Vorwürfe, dass ich dies oder das nicht lernen konnte, dass sie mir dies oder das nicht beigebracht hatte und so weiter. Manchmal war ich sogar böse, dass sie > so dumm < war.

Jetzt war sie da und schaute mir bitterböse in die Augen und sagte mir ins Gesicht: Ich bin nicht dumm. Ich schämte mich fürchterlich. Was hatte ich getan? Es tat mir leid!

Meine Mutter hatte es in ihrem Leben nicht einfach gehabt. Von Kindheit an musste sie viel und hart auf einem kleinen Bauernhof arbeiten. Aber sie war immer ein guter hilfsbereiter Mensch gewesen.

In meinen Erinnerungen dachte ich aber meist an die unangenehmen Dinge und war oft im Vorwurf. Wirklich, von Herzen nahegekommen bin ich meiner Mutter zu Lebzeiten nie. Eine unbewusste Sperre stand zwischen uns.

Jetzt bin ich dankbar für diesen Traum, gut, dass sie mir gezeigt hat, wie undankbar ich war. Nach dem Traum machte ich mir Gedanken und begann, meine Vergangenheit mit ihr aufzuarbeiten.

## Traum 2

Mutter war da, ich sah sie ganz deutlich. Sie sah gut aus. Ich weiß nur noch, dass sie mit dem Zug wegfahren sollte.

Sie sprach mich an und fragte, ob sie den Rest vom Tage noch bleiben sollte. Heute war sie mir nach vielen Jahren wieder sehr nahe. Es tat gut, es tat weh, es war schön und auch beschämend zugleich.

Ich stellte ihr meine Familie vor. Meine Kinder, erzählte von meinem Leben, jetzt und vorher mit ihr. Was gut war, was weh tat. – Jetzt im Moment, wo ich schreibe, drückt mein Herz, ich habe einen Kloß im Hals, es ist schön und es tut weh, die Aussprache.

Mama gibt mir keine Antwort, ich denke, sie geht dort wo sie jetzt ist IHREN Weg. Auch ich muss weiter, ohne sie, aber im Hintergrund, sie einbezogen und integriert zu haben – in mein Leben in meine Familie.

## Traum am nächsten Tag

Ich sah mein Elternhaus von der Straßenperspektive aus. Es war ganz in orangen-goldenes Licht eingehüllt! Mein Elternhaus eingehüllt in goldenes Licht!

Ein kurzes Bild, das mich sehr berührt und geprägt hat.

# *Karin*

Eines Tages kam eine junge Frau zu mir, die an einer schweren Depression litt. Sie war nicht mehr arbeitsfähig.

Ihre Geschichte: Vor einem halben Jahr sei ihre Freundin gestürzt und an den Folgen des Sturzes kurze Zeit danach verstorben. Karin (der Name wurde verändert) fühlte sich mitschuldig an ihrem Tod. Ein paar Tage zuvor hatten sie beide in einem Gespräch noch gesagt: „Es wäre vielleicht besser, wir würden tot umfallen, dann hätten wir den Stress nicht mehr." Beide hatten zu dieser Zeit Probleme in ihren Partnerschaften. Jetzt belastete die Erinnerung an dieses Gespräch Karin so sehr, dass sie keine Lebensfreude und Kraft mehr hatte.

Sie erzählte noch einiges.

Plötzlich hatte ich eine für mich bis dahin unbekannte Wahrnehmung.

„Ist es für sie in Ordnung, wenn wir, ich mich auf etwas hier einlasse? Ich habe das Gefühl, in diesem Zimmer ist etwas, was ich nicht erklären kann und ich habe einen starken Impuls, mich einfach darauf einzulassen und geschehen zu lassen, was da kommt."

Karin stimmte zu. Ich hatte das Bedürfnis aufzustehen und mich an den Schrank, der in dem Zimmer stand, anzulehnen. Ich stand etwas schräg, ganz locker und musste seltsamerweise grinsen.

Dann begann ich zu sprechen. Ich sprach, ohne zu denken, einfach die Worte die kamen. Jetzt, wo ich dies aufschreibe, erinnere ich mich nur noch daran, dass es so war, als spreche die Verstorbene durch mich. Sie sprach davon, dass Karin keine Schuld an ihrem Tod hätte. Dass es ihr gut ginge, dort wo sie jetzt sei, sprach von ihrer Mutter und noch einigem, was ich vergessen habe. Nach ein paar Minuten merkte ich, dass es weniger wurde und die Stimme, die Worte sich zurückzogen. Zum Schluss kam noch der Satz: „Der Michael ist ein toller Kerl!" Diesen Satz sprach ich aber nicht mehr aus, weil ich dachte, den bilde ich mir ein, dieser Satz ist vielleicht aus mir selbst entstanden, der hat hiermit nichts zu tun.

Dann öffnete ich meine Augen, stellte mich wieder normal hin und sah Karin an. Zu meinem größten Erstaunen strahlte sie mich an. Sie sagte: „Genauso wie Sie (sie meinte mich) hat meine Freundin immer gegrinst, und genauso schräg, wie sie jetzt an dem Schrank gestanden haben, so hat sich meine Freundin oft hingestellt!" Karin freute sich sehr über dieses Erlebnis. Für sie war klar, ihre Freundin aus dem Jenseits hatte sich gemeldet.

Natürlich freute ich mich mit ihr, mir ging es aber nicht so gut. Der Satz: „Der Michael ist ein toller Kerl", spukte in meinem Kopf herum. Ich wollte diesen Satz doch nicht sagen, weil ich meinte, er gehöre nicht zu diesem Geschehen. Jetzt wurde ich innerlich und körperlich so unruhig, dass ich das Gefühl bekam, ich zerreiße, wenn ich den Satz nicht ausspreche.

Vorsichtig fragte ich deshalb Karin: „Kennen Sie einen Michael?"

Karin lachte und sagte: „Ja, der Michael ist in unserem Sportklub. Alle Mädels sind hinter dem her."

Jetzt erzählte ich Karin, dass ich diesen Satz zurückgehalten habe und warum. Uns beiden war dann klar, dass dies das i-Tüpfelchen, die Bestätigung, von diesem Erlebnis war. Dass wir uns das nicht eingebildet haben, sondern dass es die Wahrheit war.

Kurze Zeit danach war Karin wieder gesund und hatte ihre Lebensfreude wiedergefunden.

Anmerkung: Diese, solche Ereignisse geschehen bei mir sehr selten. Ich kann sie nicht herbeirufen. Wenn so etwas passiert, dann kommt es von ganz alleine!

# *Der Bettler*

Vor einigen Jahren ging ich durch die Mainzer Altstadt, als ich einen Mann auf einer Treppe vor einem Haus entdeckte. Er hatte eine Jacke mit einer Kapuze an, die er über den Kopf gezogen hatte. Er saß nach vorne gebeugt und schaute nach unten. Dadurch, und auch weil er die Kapuze auf dem Kopf hatte, konnte ich sein Gesicht nicht erkennen und auch nicht, wie alt er war. Ab und zu habe ich einem Bettler schon mal etwas gegeben, aber nicht immer.

Mit mir geschah etwas, was ich bis dahin noch nicht gemacht, gekannt hatte. Mich zog es in die nächste Bäckerei und ich kaufte zwei Kaffeeteilchen. Mit diesen ging ich zurück zu dem Mann und reichte ihm die Tüte hin, ohne etwas zu sagen.

Der Mann erhob den Kopf und sah mich mit einem unbeschreiblichen, freundlichen Lächeln und ganz leuchtend klaren Augen an. Sein dankbarer, freundlicher Blick traf mich innerlich bis ins Mark, er ging mir durch und durch, tief in mich hinein, berührte mich ganz. Noch nie hatte ich so etwas erlebt.

Er sagte ganz freundlich: „Danke." Erschüttert und gerührt ging ich weiter.

Wer war dieser Mensch? Ich weiß es nicht. War er überhaupt ein Bettler? Jedenfalls haben sich unsere Blicke getroffen, es hat mich im Innersten berührt. Jetzt noch, nach vielen Jahren, wenn ich an diese Begebenheit denke, kommt dieses tiefe gute Gefühl in mir hoch.

Ich erinnere mich an einen Spruch, den ich einmal gelesen habe: Schicke Liebe durch deine Augen in die Welt und wahre Wunder geschehen!

# Der Besuch

Ich war etwa 13 oder 14 Jahre alt, als bei uns in der Nachbarschaft eine amerikanische Familie in Miete wohnte. Eine Tochter, sie hieß Arlien und war zehn Jahre alt, lebte mit noch fünf weiteren Geschwistern in dieser Familie. Dazu sei gesagt, dass sich ein amerikanischer Militärstützpunkt nur wenige Kilometer weit von unserem Dorf entfernt befand. Mehrere Tausend Soldaten waren dort stationiert und lebten mit ihren Familien in den Dörfern im näheren Umkreis.

Arlien hatte sich mit mir angefreundet. Sie kam auch oft zu uns ins Haus und verstand sich auch mit meinen Eltern sehr gut. Sie war sehr nett und gehörte fast schon zur Familie. Nach etwa zwei Jahren musste ihre Familie wieder nach Amerika zurück. Wir schrieben uns noch ein paar Briefe, dann ist der Kontakt abgebrochen.

Vor einigen Jahren musste ich plötzlich wieder an Arlien denken. Ich erinnerte mich an viele Erlebnisse, die ich mit ihr hatte. An ihre Geschwister, ihre Eltern und was wir alles zusammen unternommen hatten. Immer wieder kam mir Arlien in den Sinn. Das ging etwa zwei bis drei Wochen so.

Dann war Sonntag. Unsere Tochter war zu Besuch. Wir waren gerade den Mittagstisch am decken, denn es war kurz vor zwölf, als es an der Haustür klingelte. Mein Mann ging an die Tür und ich hörte ihn mit jemandem reden. Dann rief er: „Anita, kannst du mal kommen?" Ich ging in den Flur und schaute zur Haustür. Dort standen ein Mann und eine Frau mit einem langen Mantel. Mein erster Gedanke war: „Zeugen Jehovas, und das Sonntagmittag, das hat gerade noch gefehlt. Können die sich nicht eine andere Zeit für ihren Besuch aussuchen. (Normalerweise habe ich nichts gegen diese Menschen.)

Der Mann, der dort stand, fing an zu sprechen. In einem guten Deutsch mit amerikanischem Akzent erzählte er Folgendes: Seine Frau habe als Kind hier in diesem Dorf gelebt. Jetzt suche sie ihre Freundin von damals. Ihr Name sei Anita. Sie selbst seien jetzt auf einer Deutschlandrundreise und Arlien hätte den Wunsch gehabt, noch einmal in dieses Dorf zurückzukehren und Anita zu besuchen.

Ich war total perplex, erstaunt und sprachlos. Ich schaute diese Frau an. Sie war über vierzig und auch etwas kräftig. Dann sah ich in ihre Augen. Es war nicht zu verkennen, es waren die Augen von Arlien. Es war wirklich Arlien. Jetzt war ich nicht mehr zu halten. Ich begrüßte sie ganz herzlich. Es waren immerhin über dreißig Jahre her seit wir zum letzten Mal Kontakt miteinander hatten.

Die beiden blieben den ganzen Tag noch bei uns. Wir hatten uns sehr viel zu erzählen und sehr viel Spaß. Mit dem Auto fuhren wir noch an den Rhein und besichtigten ein paar schöne Orte. Es waren wunderschöne Stunden. Ich erzählte den beiden auch, dass ich die letzten zwei bis drei Wochen immer wieder mal an Arlien denken musste, und das nach so vielen Jahren. Dies wunderte uns alle. Arlien hatte in Amerika an mich gedacht. Irgendwie müssen diese Gedanken bei mir angekommen sein. Darum musste ich wahrscheinlich auch oft an sie denken.

Und dann stand sie vor der Tür!!!

# *Der Himmel hat dir Bilder geschickt!*

Diese Worte vernahm ich plötzlich. Ich überlegte, was sie bedeuten könnten!

Der Himmel hat dir Bilder geschickt! Ja, er hat mir Bilder geschickt. Tausende und Abertausende – und ich habe sie nicht angenommen … oder nur wenige. In meinem Inneren, wenn ich die Augen schloss, sah ich Bilder: wunderschöne, interessante, abstrakte, moderne, aber auch realistische, einfache und anspruchsvolle, kritische, schwarz-weiße und farbige Bilder, die sich oft von einer Farbe in eine andere, und wieder in eine andere zusehends verwandelten. Wie in einem Film liefen die Bilder an meinem inneren Auge vorbei.

Diese Bilder hatte ich vorher noch nie gesehen.

Da ich Kunst und künstlerische Bilder liebe, war dieses Erleben immer ein großer Kunstgenuss für mich. Häufig waren es mehrere Hunderte Bilder, eines nach dem anderen, die sich mir klar und deutlich zeigten.

Es war, als ginge ich durch eine große Galerie oder ein großes Kunstmuseum oder eine Kunsthalle mit Werken, die ich zuvor auf der Welt noch nie gesehen hatte. Oft war ich dann sehr erschöpft von den vielen Eindrücken und den wundervollen Werken, die ich mir betrachten konnte. Es waren oft so viele, dass ich gar nicht mehr alles aufnehmen konnte. Mein Eindruck war oft der gewesen, dass ich alle Museen in Deutschland mit diesen Bildern die mir „geschenkt" wurden, die ich in meinem Inneren gesehen habe, hätte füllen können – wären sie jemals gemalt worden.

Nur wenige dieser Bilder habe ich dann gemalt.

Ich habe mich nicht getraut. Ich war voller Angst. Das kann ich nicht, ich bin nicht gut genug oder was sagen die Leute, wenn du solche Bilder malst? Du hast nicht die richtigen Farben nicht das richtige Material und so weiter ... und so weiter. Irgendeine Ausrede hatte ich immer.

Nachdem ich so darüber nachgedacht hatte, hörte ich die Worte: „Der Himmel macht Angst!"

Plötzlich sah ich die Küche in meinem Elternhaus, wo ich als Kind aufgewachsen war. Neben der Küche war eine kleine Kammer mit einem Bett, in dem meine Großmutter nachts schlief. Oft habe ich mit ihr zusammen in diesem Bett geschlafen.

Jetzt sah ich meine Oma dort stehen, dann sah ich mich zusammen mit ihr im Bett liegen.

Ich lag auf der Seite und spürte meine Oma, hinter mir liegend.

Ich spürte sie ganz deutlich. Dann spürte ich die Angst, diese große Angst, die ich hatte. Ich war das Kind und irgendwie wusste ich, das ist die Angst meiner Oma.

Auf unerklärliche Weise musste ich sie vielleicht zum Teil übernommen haben.

War es vielleicht ein Teil der Angst, die mich fast mein ganzes Leben begleitet und auch behindert hatte?

Nach diesem inneren Bild machte ich mir Gedanken über meine Oma und meine Kindheit mit ihr. Ich erkannte viel Trauriges, Schlimmes aber auch Gutes und bekam zum Schluss ein friedvolles Gefühl.

Die Überraschung: Ich hörte eine Stimme die sagte: „Der Himmel freut sich!"

# *Jesus Christus hilf*

Es ging schon Jahre so! Ab und zu, aber Gott sei Dank sehr selten, erlebte ich Folgendes:

Ich spürte etwas Schweres, eine schwere, dichte Energie in meiner Nähe. Manchmal konnte ich es ganz klar wahrnehmen, wie diese Energie in den Raum kam, in dem ich mich gerade aufhielt. Was genau es war, weiß ich nicht, sehen konnte ich sie nicht, doch ich fühlte sie ganz deutlich. Ein paar Mal ist es sogar geschehen, dass andere Personen mit denen ich zusammen war, diese Energie auch wahrnahmen, selbst wenn sie nichts davon wussten. Sie schauten dann auch in die Richtung, wo sich diese Energie dann gerade zeigte. Sie fragten was ist da, oder Ähnliches. Angst hatte ich nicht, doch ab und zu ein ungutes Gefühl weil ich nicht wusste, was das war. Wenn ich es in Größe angeben soll, komme ich auf ein Maß von etwa zwei Meter Höhe, und etwa ein bis eineinhalb Meter Durchmesser.

Eines Nachts wurde ich wach und erschrak furchtbar, ich bekam Angst, spürte, wie diese Energie dunkel und bedrohlich durch die Wand des Schlafzimmers auf mich zu kam. In meiner Not schrie ich innerlich: „Jesus Christus hilf!"

Genau in dem Augenblick nachdem ich dies gerufen hatte, war die dunkle Energie mit einem Mal verschwunden und hat sich bis heute nicht mehr gezeigt. Ob es immer ein und dasselbe war, was sich in all den Jahren gezeigt hatte, weiß ich nicht.

Was ich aber mit Bestimmtheit weiß: Als ich „Jesus Christus hilf" rief, verschwand das, was ich „Energie" nenne – und kam bis heute nicht zurück. Das ist jetzt etwa fünf Jahre her.

Aus diesem Erlebnis habe ich viel gelernt. Immer wenn ich mich in einer wirklichen Notlage befinde, bitte ich Jesus Christus um Hilfe. <u>Er hat mir gezeigt, dass er wirklich hilft!</u>

# „Lerne Jesus Christus kennen!"

Die neue Botschaft, die ich bekam, lautete: „Lerne Jesus Christus kennen!"

Wieder ganz plötzlich, als ich am Morgen erwachte, hörte ich diese Worte.

Bei Jesus war ich mir immer noch nicht so ganz im Klaren, er war für mich immer noch in bestimmten Punkten ein Rätsel. Auf meine Frage hin, wie ich das machen sollte, bekam ich den Impuls ans Bücherregal zu gehen und >>die Bibel, mit Einführungen und Meditationen von Anselm Grün<<, aus dem Regal zu holen.

Auf die bewährte Weise, ich frage nach „oben", wo ich das Buch aufschlagen soll, betrachtete dann die noch geschlossenen Seiten des Buches, und bekomme einen Impuls im rechten Auge, wo ich das Buch aufschlagen soll.

*Schon viele Hunderte Mal in den letzten Jahren, habe ich auf diese Art Antworten erhalten. Auf diesen Seiten stand immer ein Hinweis, eine Möglichkeit, eine Lösung oder sogar ganz oft die Wahrheit.*

Die perfekten Antworten auf meine Fragen. Was für mich faszinierend ist: Es war nie etwas dabei, was mir oder irgendjemand anderem hätte in irgendeiner Weise schaden können.

Ich hatte also die Bibel von Anslem Grün in der Hand und auf den Impuls, den ich bekommen habe, genau diese Seite aufgeschlagen. Das Buch hat 635 Seiten und genau diese Seite, die ich hier zitiere, hatte ich aufgeschlagen:

## Vorwort Seite 597

Der Brief an Titus beschreibt das christliche Leben der verschieden Stände, der älteren Männer und Frauen, der jüngeren Männer und Frauen und der Sklaven. Manches an diesen Beschreibungen ist zeitbedingt und zeigt eine männliche Einseitigkeit. Doch der Titusbrief versucht, das jüdische und das griechische Männer- und Frauenideal miteinander zu verbinden. Bei den älteren Frauen ist von „priesterlicher Würde" die Rede. Sie werden also mit dem Begriff „Priesterinnen" beschrieben. Für die Römer waren es Priesterinnen (Vestalinnen) die Hüter des Feuers. Das ist ein schönes Bild für die Würde der Frau, die das Feuer hüten soll, das Feuer der Liebe, das Feuer des Heiligen Geistes. In allem sollen die Christen das hellenistische Lebensideal des besonnenen und rechtschaffenen Menschen verwirklichen und so für alle Außenstehenden ein Vorbild sein. An ihrem konkreten Leben soll man ablesen können, dass sie von einem guten Geist geleitet werden.

Der Titusbrief begnügt sich aber nicht mit der Beschreibung eines vorbildlichen Lebens.

Er gibt als Begründung das Erscheinen Jesu Christi an. Der Autor beschreibt hier das Christusgeschehen in griechischen Begriffen.

Die Gnade Gottes ist erschienen, sichtbar geworden, sie ist in dieser gottfernen Welt aufgeleuchtet. Und Gottes Gnade erzieht den Menschen. Sie ist wie eine Schule (griech.: paideia) für den Menschen. In ihr lernt er, wie er richtig in dieser Welt leben soll (2,12).

In Jesus ist nicht nur die Gnade Gottes erschienen, sondern auch seine Güte und Menschenliebe, ja – wie die lateinische Tradition das griechische Ideal der Philanthropie übersetzt – die Humanitas Gottes, die wahre Menschlichkeit (3,4 f.).

In Christus ist das Bild des Menschen sichtbar geworden, wie Gott ihn ursprünglich erschaffen hat. Das Erscheinen des wahren

Menschenbildes in Jesus Christus hat uns gerettet, heil und ganz gemacht. Wir sind neu geworden durch das Bad der Wiedergeburt. Deshalb können wir als neue Menschen leben. An Weihnachten wird uns dieses wunderbare Wort verkündet.

Für den katholischen Philosophen Peter Wust war das die tröstliche Botschaft, die er kurz vor seinem Sterben seinen Freunden als Vermächtnis hinterließ. Der Einstellung des Menschen durch das Naziregime setzt er die wahre Menschlichkeit entgegen, die uns in Jesus Christus aufgeleuchtet ist.

Christus, das wahre Bild des Menschen, lässt sich von keinem Terrorsystem totschlagen. Es ist aufgestrahlt. Sein Bild wird durch alle Verfälschungen hindurch immer wieder neu aufleuchten und den Menschen, der sich verloren hat, retten. Es wird den Menschen, der in sich zerrissen ist heilen und wieder so herstellen, wie er ursprünglich gedacht war.

# *Ein Engel?*

Im Frühjahr 2006 unternahmen zwei Freundinnen und ich eine fünftägige Pilgerwanderung auf dem Jakobsweg. Von unserem Heimatort Kappel aus pilgerten wir zu Fuß bis nach Trier.

Am zweiten Tag hatten wir uns total verlaufen. Wir hatten unterwegs, nachdem wir schon etwas unsicher geworden waren, einen netten Waldaufseher getroffen und diesen nach dem Weg gefragt. Er erklärte uns, dass wir etwa 20 m in den Wald gehen sollten, der sich dort befand, und dann links abbiegen sollten. Auf diesem Weg würden wir automatisch auf die Bundesstraße 50 stoßen. Diese sollten wir überqueren. Dann rechts ein paar Meter weitergehen, dort würden wir den als Pilger- oder Römerstraße ausgeschilderten Weg finden, den wir in Richtung Trier weitergehen sollten. Wir bedankten uns und machten uns auf den Weg. Allerdings stellten wir sehr bald fest, dass der Weg mit Gestüpp zugewachsen war. Wir gingen trotzdem weiter und kamen bald auf einen besseren Weg. Auf diesem machten wir uns auf die Suche nach der Straße, die wir überqueren sollten. Wir gingen und gingen, allerdings viel länger, als der nette Mann es uns erklärt hatte. Vielleicht hatten wir ihn ja missverstanden. Wir hatten eine Wanderkarte dabei. Auf dieser war aber genau diese kurze Strecke nicht deutlich eingezeichnet. Endlich kamen wir zur Bundesstraße 50. Wir überquerten sie, wanderten weiter nach rechts und suchten den Weg.

Aber es war kein Weg zu finden. Wir gingen weiter bis wir endlich einen Weg fanden. Aber war das der richtige? Wir rätselten herum. Dann beschlossen wir, uns zu trennen und in verschiedenen Richtungen nach dem Pilgerweg, den wir suchten, Ausschau zu halten. Die Rucksäcke ließen wir stehen.

Wir wollten uns am Ausgangspunkt wieder treffen. Ich ging in den Waldweg. Rosi die Straße Richtung Mosel hinunter, Edith die Straße zurück in Richtung Hunsrückhöhenstraße.

Nach etwa 20 Minuten trafen wir uns wieder. Ohne Erfolg. Keine hatte den richtigen Weg gefunden. Was jetzt? Was sollten wir machen? Wir konnten im Notfall einen großen Umweg gehen. Dazu hatte jetzt aber keine mehr Lust. Wir waren müde. Mir war schlecht, ich war total erschöpft und fühlte mich auch noch irgendwie verantwortlich für diese Situation. Die Idee zu dieser Pilgerwanderung kam ja von mir. Was sollten wir machen?

Da erinnerte ich mich an etwas, was mir in meinem Leben, besonders in den letzten Jahren, in Situationen, in denen ich nicht weiterwusste, schon oft geholfen hatte.

Ich schaute nach „oben" und sagte: „Ich weiß nicht wie, Lieber Gott, ich weiß nicht wie."

Ein paar Sekunden später, nachdem ich diese Worte ausgesprochen hatte, kam ein großes dunkles Auto angefahren und hielt an. Die Fahrerin, eine sehr freundliche Frau fragte, ob wir Probleme hätten. Wir erzählten von unserem Dilemma.

„Ich fahre jetzt mal los und suche für euch den Weg", sagte sie, „dann komme ich zurück und zeige euch wo ihr weiterkommt." Dann fuhr sie los. Nach einer Weile kam sie zurück. Sie hielt an, stieg sofort aus und öffnete den Kofferraum von ihrem Wagen. „Ich habe den Weg gefunden", erklärte sie, „aber er ist sehr weit weg. Wenn ihr wollt könnt ihr eure Rucksäcke in den Kofferraum legen und ich fahre euch bis an den Weg. Diese Strecke braucht ihr dann nicht mehr zurückzulaufen."

Das war ein Angebot! Was mich aber noch mehr erstaunte war das Aussehen dieser Frau. Sie hatte ein wunderschönes langes Kleid an. Ihre Haare hatte sie zu einer tollen Frisur hochgesteckt. Ich empfand sie als außergewöhnlich schön!

So eine Frau, und das auf dem Hunsrück? Gab es das? Mir kam in den Sinn: Ist sie ein Engel? Gibt es so was? Ich hatte doch gerade kurz bevor sie mit ihrem Auto angefahren kam, nach „oben" um Hilfe gebeten (!?) und dann kam sie direkt angefahren und hat uns ihre Hilfe angeboten. Schon seltsam! Jedenfalls war sie aus Fleisch und Blut.

Dankbar haben wir ihr Angebot angenommen und sind zu ihr ins Auto gestiegen. Etwa eineinhalb Kilometer weit ist sie mit uns zurückgefahren, bis wir an dem Weg waren, wo wir hinwollten. Wir haben uns bei der Frau bedankt und waren unendlich froh, wieder auf dem richtigen Weg zu sein.

Hatte der Himmel uns einen Engel geschickt?

Anhang:

Schon oft in den letzten Jahren habe ich erlebt: Wenn ich ein Problem hatte und nicht weiterwusste, so wie jetzt in dieser Situation, dann habe ich innerlich, oder auch laut, ernsthaft gesagt: „Lieber Gott, ich weiß nicht wie?" Danach habe ich schon ganz oft, auch manchmal direkt, Hilfe erfahren.

# *Ihr seid umgeben und beschützt*

Nach vier sehr schönen und interessanten Pilger- und Wandertagen waren wir, meine Freundinnen und ich, gut in Trier angekommen. Dort haben wir uns dann auch einige der Sehenswürdigkeiten in der Stadt Trier angesehen. Unter anderem besuchten wir die Liebfrauenkirche neben dem Trierer Dom. Als wir in die Kirche hineingingen, waren noch mehrere Menschen dort, die sie auch besichtigten oder dort beteten. Wir hatten viel Zeit und gingen in aller Ruhe umher.

Plötzlich nahm ich eine ungewöhnliche Energie um uns herum wahr.

„Merkst du das auch, diese Energie?", fragte ich eine meiner Begleiterinnen „hier ist eine seltsame Energie!" Was sie antwortete weiß ich nicht mehr genau, denn nur ein paar Sekunden nachdem ich die Frage ausgesprochen hatte, vernahm ich innerlich, ganz klar und deutlich die Worte: **„Ihr seid umgeben und beschützt!"** Ich staunte, was bedeuten diese Worte: „Ihr seid umgeben und beschützt!". Wieder ein paar Sekunden später, nachdem ich diese Worte vernommen hatte, ging urplötzlich draußen ein Unwetter los. Wir, aber auch die anderen Menschen, die in der Kirche anwesend waren, schauten uns verängstigt um. Wir hörten den Sturm brausen und toben. Es wurde dunkel, es war ganz unheimlich. Obwohl wir im Inneren der Kirche waren, spürte man die Macht von diesem Unwetter.

Eine Freundin, die wie viele andere nach oben an die Decke der Kirche schaute, bemerkte: „Das Dach der Kirche hat doch schon so viele Jahre gehalten, es wird wohl auch noch diesen Sturm aushalten und nicht einstürzen!"

Es dauerte einige Zeit, da wurde es draußen wieder ruhiger. Als dann auch noch der Regen aufhörte, gingen wir nach draußen und wieder durch die Stadt. Alles war durcheinander. Die Stühle vor den Kaffees und Gaststätten lagen verstreut in der Gegend herum. Außerdem waren Blumenkästen von den Fensterbänken gefallen, Äste von Bäumen und Sträuchern waren abgeknickt. Mülleimer und sonst noch viel Unrat lagen in den Straßen.

Gott sei Dank waren wir während dieses Sturmes in dem Gotteshaus in Sicherheit gewesen.

Immer wieder musste ich über die Worte nachdenken, die ich innerlich vernommen hatte: „Ihr seid umgeben und beschützt!" Ich fühlte mich dabei sehr berührt, weil diese Botschaft, ich nenne sie eine Botschaft, ich kann es anders nicht erklären, schon ein paar Sekunden vor dem Unwetter, mit dem ich in keiner Weise gerechnet hatte, mich erreicht hatte.

Dadurch war mir vermittelt worden, dass wir uns nicht zu fürchten brauchten. Ich wusste mich und auch die anderen gesichert und beschützt.

Wir waren nicht allein unterwegs. Da gab es wohl jemanden auf einer anderen Ebene, der oder die uns begleiteten und sich auf so wunderbare Weise auch für uns noch offenbarten!

# *Gedicht*

Im Frühjahr 2004, auf dem Jakobs-Pilgerweg in Spanien, sind mir zwei Männer aus Ulm begegnet, die sehr freundschaftlich und kameradschaftlich miteinander umgegangen sind.

Für diese beiden ist mir dort dieses Gedicht eingefallen.

## Die Männer aus Ulm

Die Männer aus Ulm, wozu sie gekommen?
Was führt sie hierher, den weiten Weg?
Der Freund, der Kamerad, der mit ihnen geht?
Der Kamerad, wer ist das, der immer ist da,
der tröstet, der weint, der lacht, der ist da?
Der übergeordnet, sie beide sie lenkt
durch die Zeit, durch das Leben, das ihnen geschenkt.
Sie gehen, sie suchen, sind dankbar für das,
was ihnen geschenkt, in all dieser Hast.
Die Höhen, die Tiefen, es gehört ihnen allein.
Die Momente des Glücks, um dankbar zu sein.
Die Trauer, das Weinen, das uns alle trifft,
auch ihnen im Leben ein Stück weiterhilft.
Zu verstehen dies, ist nicht einfach noch schwer,
Vertrauen ist alles, dass nichts verloren geht.
Der Weg, das Ziel, das Ziel der Weg,
von Gott geschenkt und Frieden will!

# *Gebete wurden erhört!?*

Ein netter Mann aus unserem Dorf, im Alter von 56 Jahren war plötzlich schwer an totalem Leberversagen erkrankt. Die Erkrankung war kurz nach einer überstandenen, mit Chemotherapie behandelten, und geheilten Blutkrebserkrankung ausgebrochen. Innerhalb von wenigen Tagen hing sein Leben an einem seidenen Faden. Die Ärzte gaben ihm noch etwa zwei bis drei Tage zu leben. Die einzige Heilungschance sei eine Lebertransplantation. Wolfgang, so heißt der Mann, lag schon im Koma.

Diese Nachricht löste bei vielen Dorfbewohnern, bei seinen Bekannten und Freunden große Betroffenheit aus. So auch bei mir und meinem Mann. Schließlich zählten wir ihn zu unserem Freundeskreis.

Mein Mann und ich saßen nachmittags am Kaffeetisch und unterhielten uns über ihn. Wir waren traurig. Während des Gespräches schaute ich kurz nach „oben" und sagte innerlich: „Lieber Gott, kannst du, könnt ihr da oben denn nicht helfen. Bitte helft dem Wolfgang!"

Kaum hatte ich diese Bitte ausgesprochen, als ich plötzlich ganz deutlich spürte, wie eine Kraft von meinem Körper aus wegging.

Ich war erstaunt und verblüfft. Das muss man mir wohl auch angesehen haben, weil mein Mann mich fragte: „Was ist mit dir?" Das Einzige, was ich in diesem Moment tat war, dass ich mit dem Kopf schüttelte. Ich konnte und wollte ihm in diesem Moment keine Antwort geben, weil ich auch nicht wusste, wie und was ich ihm in dieser Situation erklären sollte.

Die Erfahrung, dass etwas von mir aus- oder wegging kannte ich. So etwas hatte ich schon erlebt. Und jedes Mal war danach etwas Bedeutendes passiert.

Und was war das jetzt? War das ein Zeichen? Was für ein Zeichen?

Für Wolfgang wurde eine Spenderleber gesucht. Es wurde erzählt, dass die Liste der Menschen, die auf eine Spenderleber warteten sehr lang sei. Wie sollte er dann, jetzt, so schnell so eine Chance bekommen? Vor ihm warteten doch noch viele andere Kranke. Ich konnte es nicht verstehen. Innerlich hoffte ich doch noch für ihn.

Am nächsten Tag war Sonntag und ich ging morgens zum Gottesdienst in die Kirche. Es herrschte große Aufregung. Es hieß: „Wolfgang ist operiert worden. Sie haben eine Spenderleber gefunden!"

Die Freude und das Erstaunen in den Gesichtern der Menschen, die dort standen ist nicht zu beschreiben. Und ich war sprachlos – dieses Zeichen von gestern!?

Jetzt, wo ich dieses aufschreibe, ahne ich, dass dieses Zeichen für alle war, die für Wolfgang gebetet hatten.

Jetzt, Monate später geht es Wolfgang den Umständen entsprechend immer besser. Er nimmt wieder aktiv am Leben teil und macht seine Späße. Er erzählte, dass, nachdem er aus dem Krankenhaus entlassen wurde, ihm viele Menschen sagten: „Wir haben für dich gebetet!"

In den letzten Jahren wurde bei uns wohl schon lang nicht mehr von so vielen Menschen für einen anderen so viel gebetet, wie jetzt für Wolfgang.

Und – sie erzählten auch, dass sie gebetet haben!

# Ich bin ein Sünder

Ich bin ein Sünder! In einem Bild kamen diese Worte ganz echt und ehrlich aus mir heraus, ohne dass ich zuvor daran gedacht oder mich mit diesem Thema beschäftigt hatte.

Zugleich erkannte ich mich in der Ferne stehend, einige Meter weiter weg. Das Bild in der Ferne begann kleiner zu werden, vielmehr das Bild von mir.

Gleichzeitig spürte ich wie ich selbst, mein eigener Körper, kleiner wurde, regelrecht zu schrumpfen begann. Ich wurde ganz klein. Dabei fühlte ich mich leichter werden, immer leichter und leichter. Ich hatte das Gefühl, riesige Lasten, die auf mir lagen, loszuwerden. Ein Gefühl von unbeschreiblicher Leichtigkeit und Freiheit kam auf. Endlich leicht, frei und gelöst, erlöst!

Indem ich bekannte, dass ich ein Sünder bin, wurde ich menschlich. Nicht getrennt von anderen, sondern so wie sie, ein Mensch wie jeder andere, dazugehörend. Nicht besser und nicht schlechter, einfach menschlich.

Niemandem brauche ich etwas zu beweisen, ich bin wie er, ein Mensch, der auch Fehler hat und auch haben darf.

Danke für dieses Bild und diese Erkenntnis!

# *Höre auf zu hassen!*

Dass ich noch hassen würde, hätte ich nicht gedacht! Da war ich mir eigentlich ganz sicher.

Mein Mann und ich gingen spazieren. Wir gingen an einem Acker vorbei, der uns früher einmal gehört hatte. Ich erinnerte mich an ein Erlebnis in diesem Acker, als ich noch ein Kind war. Ich sah die Szene ganz klar vor mir. Aufgeregt erzählte ich meinem Mann wie wir, meine Mutter, meine Tante und ich, einmal in strömendem Regen hier Rüben ausgemacht hatten. Wir waren völlig durchnässt. Kein Mensch war sonst im Acker zu sehen. Die beiden Frauen stritten darüber, ob wir nicht aufhören und nach Hause fahren sollten. Das Argument der einen war, wir müssten jetzt weitermachen und die Rüben alle ausmachen, damit wir mit der Arbeit fertig werden.

Ich fand es einfach nur furchtbar. Alles war pitschnass und voller Schlamm. Trotzdem wurde weitergearbeitet. So, als ob es keine anderen Tage mehr geben würde an denen wir die Rüben ernten konnten.

„Höre endlich mit dem Hass auf!", hörte ich meinen Mann sagen, als ich dies erzählt hatte. Völlig erschrocken sah ich ihn an. Es war selten, dass er so etwas sagte.

Was hatte ich gemacht? Ich war beim Erzählen total aufgewühlt gewesen.

War das Hass, der sich zeigte? Sprach aus der Erinnerung noch Hass mit? Damals hatte ich eine große Wut gehabt, das weiß ich noch. Das sind jetzt über 40 Jahre her und ich rege mich noch heute darüber auf.

Viele Ereignisse und Erlebnisse aus meiner Kindheit und Jugend, die damals schlimm waren, kann ich mir heute gelassen und ruhig anschauen ohne innerlich in Aufruhr zu geraten, doch nicht alle, so wie diese. Jetzt, in diesem Augenblick, bin ich dankbar für diese Erkenntnis. Es geht ums Verzeihen. Es war so, es hat mich nicht umgebracht. Wer weiß, wozu es gut war! Was hat diese Frauen damals dazu bewegt, so zu handeln?

… und ich hadere noch heute damit!

Alles vergeben und in Frieden gebracht habe ich anscheinend noch nicht. Wenn der Hass über dieses Ereignis auch nicht so groß ist und ich ihn als solchen gar nicht erkannt habe, so versteckt er sich doch noch in mir und zeigt sich in den Emotionen. Es ist noch einiges an Eigenarbeit angesagt, um richtig in Frieden leben zu können.

Stück für Stück kann sich eines nach dem anderen klären!

# Die Herz-Jesu-Statue

Ich erzähle von meiner Ursprungsfamilie: Meine Eltern, deren Geschwister und Eltern, meine Großeltern, Urgroßeltern usw. Die Beziehungen, Geflechte und Schicksale in dieser Familie; dass ein jeder gesehen, geachtet, wertgeschätzt wird und seinen Platz hat in diesem System, auch wenn er schon verstorben ist.

Die Wichtigkeit dessen habe ich in meiner Ausbildung in Systemischer Lebensberatung erfahren und erlebt. Für mich ist es Friedensarbeit.

In Gruppenaufstellungen nach Virginia Satir und Bert Hellinger, hatte ich schon einiges für mich geklärt, aber noch nicht genug.

Eines Abends hatte ich das große Bedürfnis, etwas in diese Richtung zu tun und für mich Weiteres zu klären.

Ich ging in mein Arbeitszimmer. Dort nahm ich DIN-A4-Blätter, und schrieb auf jedes Blatt den Namen einer Personen meiner Ursprungsfamilie, auch die Namen der früh Verstorbenen.

Anschließend legte ich alle Blätter der vorgegebenen Ordnung nach auf den Fußboden und nahm nacheinander mit jeder Person Kontakt auf. Wir sind in diesem Moment durch ein wissendes Feld miteinander verbunden – im Einklang mit dem Großen.

Ich sprach zu jedem, mit jedem, auch mit der als kleines Kind verstorbenen Schwester meines Vaters, mit dem im Krieg gefallenen Bruder meiner Mutter, mit meinen Eltern, meinen Großeltern, mit jedem. Es war eine ganz tief bewegende, ergreifende Arbeit. Ich erlebte eine ganz innige Verbundenheit mit all diesen Menschen.

Als ich fertig war und die Arbeit beenden wollte, wusste ich einen Moment lang nicht, was ich machen sollte. Ich hatte plötzlich das Gefühl, es fehlt etwas.

Eine Herz-Jesu-Statue, ein altes Erbstück aus der Familie meiner Mutter, die jetzt in meinem Zimmer einen Platz gefunden hatte, nahm ich und stellte diese Statue auf den Fußboden, als „Symbol für Gott", zu den Blättern, die die Personen meiner Ursprungs-familie darstellten, also zu meiner Familie.

Jetzt ist es gut, dachte ich und schaute alles noch einmal an.

Plötzlich strahlte die Herz-Jesu-Statue!

Sie stand auf dem Fußboden und ein wunderschönes, violettes Licht umgab diese Herz-Jesu-Figur. Etwa 10 cm nach allen Seiten waren die Strahlen um die Statue herum ganz deutlich zu sehen.

Dies ist wahr, es ist die Wahrheit und keine Einbildung. So habe ich es wirklich erlebt. Ich beobachtete die Figur noch einige Zeit. Wie lange weiß ich nicht mehr. In dem Zimmer war ein ganz gro-ßer Frieden zu spüren.

Gott ist mit uns.

# Sage: „Ich liebe dich!"

„Sage, ich liebe dich!" Genau in dem Moment in dem ich aufwachte, hörte ich diese Worte.

„Nein, da stimmt was nicht, das ist nicht richtig." Ich schüttelte meinen Kopf. Dagegen wehrte ich mich, das gehört nicht zu mir. Schon viele Botschaften habe ich erhalten, aber was soll diese? Natürlich liebe ich Gott. In den letzten Jahren habe ich erfahren, ihn zu lieben.

Jetzt soll ich sagen: „Ich liebe dich?" Das verstehe ich nicht. Langsam wurde ich wach und begann zu überlegen.

Mein Leben lang habe ich gesucht, gehofft, gezweifelt; und geliebt.

Habe ich wirklich geliebt? So richtig geliebt?

Ich habe gelernt, die Menschen zu lieben, die Natur zu lieben, die Pflanzen, die Tiere, die Erde, das Universum, die ganze Schöpfung. Alles zu lieben, ohne Wenn und Aber, in manchen Bereichen sogar ohne Ansprüche. Bei einigem war ich mir gar nicht so sicher.

Und jetzt kam der Gedanke: „Liebe ich Gott?" Liebe ich ihn wirklich? Mir ist ganz klar, Gott liebt die Welt und oft habe ich gesagt: „Danke, das du diese Menschen liebst", oder „danke, für dies oder das."

Aber habe ich je zu Gott gesagt: „Ich liebe dich." So aus tiefstem Herzen heraus, klar, inniglich, ehrlich? Nein! In diesem Moment wurde mir bewusst, dies hatte ich in meinem ganzen Leben noch nicht getan!

Oft hatte ich in meinem Herzen das Gefühl, als sei da so etwas wie eine Klemme. So als ob ich in meinem Herzen nicht richtig offen bin. Ich weiß um ein offenes Herz, und war mir auch ziemlich sicher, dass mein Herz auch beim Meditieren eigentlich offen ist. Deshalb konnte ich mir diese Klemme, diese Sperre die ich empfand, nicht erklären. Es war kein gutes Gefühl.

Das war mir nicht bewusst gewesen.

Ich setzte mich auf den Bettrand und nahm mit Gott im Gebet Kontakt auf.

Ich sagte: „Gott, du weißt, dass ich dich liebe." Ich habe es mir zumindest gedacht. Wie viele Wünsche habe ich gehabt, gib mir dies, bitte um …, lass dies geschehen …, hilf diesen, hilf jenen … und so weiter. Aber auch danke für dies und jenes. Durch die Erfahrungen, die ich im Leben gemacht habe weiß ich, dass Geben und Nehmen ausgeglichen sein sollen, damit es allen gut geht. Ich habe bei dir fast immer nur genommen. Hier und da auch mal gedankt.

Und die ganze Liebe, die ich von dir erfahren habe, habe ich sie dir je zurückgegeben?

Nein, mein Gott, noch nie habe ich ganz ernsthaft, aus ganzem Herzen zu dir gesagt: „Ich liebe Dich! Ich liebe dich, ich liebe dich mit meinem ganzen Sein, mit allem was ich bin. Ja, aus tiefstem Herzen liebe ich dich." Ja, so ist es.

Und ich spürte diese wunderbare Liebe, wie sie von mir Besitz ergriff, mich einhüllte und aus mir heraus floss, zu Gott hin. Von mir zu ihm hin, und von ihm zu mir zurück. Ein wunderbares Gefühl.

**Was sagt mir das, was bringt es, kann es bringen für die Zukunft?**

Was danach geschah ist erstaunlich: „Die Klemme, die Sperre in meinem Herzen, ist weg!" Ich fühle mich frei, dankbar! Kann frei atmen.

# *Heilung*

Im Sommer 2007 bekam ich plötzlich starke Schmerzen im linken Unterbauch. Sie wurden so heftig, dass mir eine Freundin, eine Krankenschwester, nahelegte, zu einem Arzt zu gehen. Dies tat ich auch. Mein Mann fuhr mich mit dem Auto zu der Praxis, weil ich nicht mehr in der Lage war, selbst zu fahren. Dieser Arzt überwies mich in ein Krankenhaus. Dort konnte keine klare Diagnose gestellt werden, allerdings war da eine starke Entzündung. Ich bekam Infusionen und Antibiotika.

In der dritten Nacht als ich dort war, dachte ich daran, mich selbst zu behandeln. Ich bat Gott mir zu helfen und mich zu heilen. Dann legte ich mir selber die Hände auf in dem Vertrauen, dass mir geholfen wird.

Plötzlich nahm ich in meinem Körper ein ganz helles Licht wahr. In meiner Körpermitte Licht, das regelrecht explodierte. Zuerst verbreitete es sich blitzschnell in meiner unteren Körperhälfte, dann von der Mitte aus in meinem Oberkörper bis in meinen Kopf. Jetzt strömte es in meinem Körper mehrmals hoch und runter, vom Kopf bis zu den Füßen.

Gleichzeitig hatte ich das Gefühl als würde ich hochgehoben werden und würde über meinem Bett schweben. Wie lange es dauerte weiß ich nicht, jedenfalls kam ich nach einiger Zeit wieder herunter in mein Bett. Es war ein wunderschönes, starkes, friedvolles Erlebnis.

Zu meinem Erstaunen waren meine Schmerzen, die ich bis dahin hatte, nahezu verschwunden und es ging mir von Tag zu Tag besser. Nach ein paar Tagen wurde ich aus dem Krankenhaus entlassen. Kurze Zeit später war ich wieder völlig gesund.

# *Die Melodie*

Vor einigen Jahren war eines Nachts dieses Bild in meinem Inneren.

Im Hintergrund sah ich, wie bei einem plötzlich ausbrechenden Vulkan, ganz bedrohliche, dunkelgraue, dichte Rauchmassen aufstiegen.

Im Vordergrund, also nahe vor mir, standen überall viele Menschen. Alle schauten in die Richtung dieser Katastrophe, dieser Wolke. Gleichzeitig hörte ich eine unsagbar wunderschöne Melodie, wie ich sie in meinem Leben noch nie gehört hatte. Eine ganz harmonische, friedvolle Melodie.

Bis dahin hatte ich in meinem Inneren noch nie Musik gehört. Ich fand keine Erklärung dafür. Die Menschen im Vordergrund, die alle zu diesem dunklen Rauch schauten, und dann gleichzeitig diese wunderschöne Melodie.

Vier oder fünf Tage später geschah eine der schlimmsten Umweltkatastrophen in diesem Jahrhundert. Thailand und seine Nachbarländer wurden von einem Tsunami heimgesucht. Über Zweihundertzwanzigtausend Menschen verloren ihr Leben.

Menschen aus aller Welt schauten dorthin. Nahmen Anteil und hatten Mitgefühl mit den Opfern und den Überlebenden.

Übereinstimmend, egal woher sie kamen, welcher Nation, welcher Volksgruppe, welcher Religionsgemeinschaft oder was sonst auch immer sie angehörten, sie waren mit Mitgefühl diesen Menschen nahe. Darin waren alle gleich. Eine wunderschöne Melodie des Friedens.

# *Die Moschee*

Wir, mein Mann und ich saßen im Flugzeug auf dem Weg in die Türkei. Dort wollten wir ein paar Tage Urlaub machen. „Weißt du was ich mir wünsche", sagte ich zu meinem Mann, „ich wünsche mir einmal in einer Moschee bei einem islamischen Gottesdienst dabei zu sein!" „Das kannst du vergessen, dort kommst du nie hinein, schon gar nicht als Frau und dann noch als Andersgläubige, wie kommst du überhaupt auf so eine seltsame Idee?" Werner sah mich kopfschüttelnd an. Damit war das Thema vorerst beendet.

Wir hatten ein paar sehr schöne Tage Urlaub hinter uns. An einem vereinbarten Tag trennten wir uns. Jeder hat dann einmal Zeit für sich alleine und kann dann seinen ganz eigenen Interessen nachgehen.

Ich ging durch den Ort und wollte mir dort eine Moschee in aller Ruhe ansehen. Als ich die Tür zu der Moschee, die ich als erste fand, öffnen wollte, stellte ich fest, dass diese verschlossen war. Fragend schaute ich mich um und bemerkte, dass auf dem Platz davor einer der Männer die dort standen, mich kritisch anschaute. Er kam auf mich zu und ich erklärte ihm, dass ich die Moschee besichtigen wollte. Sofort nahm er einen Schlüssel aus seiner Hosentasche und schloss zu meiner Verwunderung die Türe auf und bat mich mit ihm hineinzugehen. Am Eingang zog ich sofort, ohne etwas zu sagen meine Schuhe aus. Er sah mich an, so als wenn ihm das imponiert hätte. Er wurde sehr freundlich und zeigte die Moschee von innen. Er konnte etwas Englisch, genau wie ich, und wir benutzten die Zeichensprache, Hände, Füße, Mimik. Ich fragte ihn nach ein paar Minuten, ob er der Muezzin dieser Moschee sei. Mit einem Kopfnicken bestätigte er meine Frage. Dann gab er mir ein Zeichen, ich solle ihm folgen. Er führte mich in einen kleinen Raum, der mich irgendwie an eine Sakristei in unserer Kirche erinnerte, aber doch ganz anders war. Ich schaute mich etwas ängstlich um, schließlich war ich mit diesem Menschen allein in diesem großen Gebäude. Das hatte er wohl bemerkt. Lachend gab er mir ein Zeichen, ich sollte mich hinsetzten, was ich auch tat.

Dann folgten zwei der interessantesten Stunden meines Lebens. Wir begannen voneinander zu erzählen. Er holte als Hilfe ein altes zerblättertes Englisch-Wörterbuch aus einem Schrank, das wir ständig benutzen mussten. Er erzählte von seiner Familie, seiner Frau, seinen zwei Kindern. Sie stammten ursprünglich aus dem Osten der Türkei. Er sei in einem Ort nahe der Grenze zum Irak als Sohn einer islamischen Familie aufgewachsen. Wegen seinem Beruf seien sie hierher in diese Stadt gezogen. Er nahm eine alte Landkarte und zeigte mir den Ort. Ich erzählte von meiner Familie. Das ich in einem kleinen Dorf in Deutschland in einer katholischen Familie groß geworden bin und immer noch dort lebe.

Ich fragte nach den Perlenketten, die in dem Raum hingen, in dem wir saßen. Sie erinnerten mich an unseren Rosenkranz. Er versuchte mir auch, nachdem ich ihn danach gefragt hatte, die Deutung der Rufe des Muezzin zu übersetzen, die fünfmal am Tag im ganzen Ort zu hören waren. Das war bei unserer Verständigung sehr schwer. Einiges konnte ich verstehen. Jedenfalls kamen wir zu folgendem Endergebnis. Sie waren ein Lob und ein Dank an Allah. Allah ist gut, Gott ist gut.

Inzwischen waren noch zwei Männer und ein kleiner Junge hinzugekommen, die sich in dem Raum mit verschiedenen Dingen beschäftigten. Einer ging kurz fort und brachte uns zwei Gläser Tee.

Dann durfte ich mit aufs Minarett steigen. Die Aussicht von dort oben war faszinierend. Ich war fassungslos. Ich, eine Frau, eine Andersgläubige, in einer Moschee auf dem Minarett!

Er erklärte, dass er heute nicht mehr vom Turm aus rufen würde. Er hätte unten ein Mikrophon in das er rufen würde. Es sei mit Lautsprechern, die auch auf den anderen Moscheen des Ortes befestigt seien verbunden. So brauchte er nicht fünfmal am Tag die über hundert Stufen im Minarett hochzusteigen und nur einer musste rufen. Die Annehmlichkeiten der Technik, die Neuzeit war also auch hier angekommen.

Es war in ein paar Minuten Zeit für den Nachmittagsruf. Ich stand dabei und schaute und hörte ihm zu. Er hatte eine sehr schöne Stimme. Es klang wunderschön, der Ruf zu Ehren Allahs. Ich dachte an unsere Glocken.

Dann die ganz große Überraschung. Es war die Zeit zum Gebet. Immer mehr Männer kamen in die Moschee. Der Muezzin nahm meine Hand und führte mich hinter den Männern vorbei zu einer Treppe. Diese stiegen wir hoch und kamen auf eine Empore in der Moschee. Von dort oben konnte ich dabei sein und alles miterleben. Über fünfzig Männer knieten sich auf die Erde, auf kleine Teppiche nieder. In Richtung einer kleinen Nische, in Richtung Mekka. Einer der Männer, die vorher bei uns waren, hatte sich dort hingestellt und las Gebete vor. Ab und zu antworteten und verneigten sich alle Anwesenden andächtig, ganz tief bis auf die Erde.

Auf der Empore war ich allein geblieben. Es war der Ort, wo die Frauen ihren Platz hatten.

Ich erinnerte mich an meine Kindheit. In unserer Kirche saßen auf der rechten Seite die Männer, auf der linken die Frauen. Es hätte sich damals wohl kaum einer getraut, diese Ordnung zu stören.

Nach der Gebetsstunde verabschiedete ich mich dankbar von dem Muezzin.

Mein Wunsch, den ich mit in die Türkei gebracht hatte, ist wahr geworden. Für mich ein kleines Wunder. Und diese Erkenntnis nehme ich mit: Gott – Allah, Allah – Gott, ist gut.

# *Die Statue des heiligen Nepumuk*

Im Frühjahr 2007 machten mein Mann und ich Urlaub in Dresden und im Elbsandsteingebirge, in Königsstein. Es war wunderschön dort, doch ab und zu machten wir uns Sorgen.

Vor ungefähr einem halben Jahr, hatten wir auf dem Rücken meines Mannes eine Hautveränderung festgestellt, die sich in den letzten Monaten wesentlich verschlimmert hatte. Sie war größer, dunkler und dicker geworden und sah gar nicht gut aus. Sie hatte jetzt einen Durchmesser von fast 2 cm. Mein Mann hatte beschlossen, nach dem Urlaub einen Hautarzt aufzusuchen.

Zuerst wollten wir noch unseren Urlaub genießen. Von Königstein aus machten wir mit dem Bus einen Tagesausflug nach Prag. Als Reiseführer hatten wir einen älteren Herrn, der aushilfsweise noch Touristen durch die Stadt führte. Er konnte viel erzählen, sprach aber manchmal von einigen Dingen, die ihm nicht gefielen gar nicht schön. Er führte uns durch die Altstadt und auch über eine der Moldaubrücken. Dort erklärte er uns einige der vielen Statuen, die auf der Brücke standen. Unter anderem die des heiligen Nepumuk, und das sehr bewegt und andächtig, was mich erstaunte. Er erzählte, dass, wenn Menschen krank sind und diese dann die Statue berühren, wieder gesund werden können. „Das ist wirklich so", sagte er noch mit erhobenem Zeigefinger, ernstem Gesicht und Nachdruck.

Wir gingen dann an der Statue vorbei und einige unserer Mitreisenden berührten die Statue.

Auch ich. Dabei sprach ich ein ganz kurzes Gebet in dem ich den Heiligen darum bat meinen Mann zu helfen. Dann ging ich ein paar Schritte weiter und sah, dass auch mein Mann die Statue berührte. Im gleichen Augenblick, so wie von einem Blitz getroffen, durchdrang eine ganz starke Kraft oder Energie meinen Körper. Fast wäre ich dadurch hingestürzt.

Ich erahnte dies als ein Zeichen, wofür wusste ich nicht. Mein Mann, dem ich davon erzählte, hatte nichts bemerkt.

Zwei Wochen später war Termin bei einer Hautärztin. Die Hautwucherung hatte sich die letzten zwei Wochen zurückgebildet. Sie war wesentlich kleiner, heller und auch dünner geworden. Die Ärztin schabte den Rest der Wucherung mit einem kleinen Elektrogerät einfach noch ab. Es war nichts Ernstes mehr.

Ob der Heilige wohl mitgeholfen hatte?

# Habe keine Kraft
# um schlank zu werden

## Es geht um die Ernsthaftigkeit

Eigentlich könnte ich vollkommen zufrieden sein, wenn nur mein Gewicht nicht wäre. In den letzten Jahren habe ich ganz schön zugelegt. Jetzt stört es mich.

Schon öfter habe ich versucht abzunehmen, bin aber immer wieder dabei gescheitert.

Ich esse einfach zu gerne.

Auf einmal kam Wut hoch und ich wurde sehr ärgerlich.

„Lieber Gott", schimpfte ich nicht gerade zaghaft, emotional ziemlich aufgewühlt, „du hast mir in meinem Leben schon so oft geholfen, hast mir schon so vieles gezeigt und mich erleben lassen, kannst du mir nicht dabei helfen schlanker zu werden?"

„Nimm dir die Kraft von mir!", kam eine Antwort, noch bevor ich die Frage richtig ausgesprochen hatte.

„Nimm dir die Kraft von mir." „Was mache ich denn damit und wie kann und soll ich denn so etwas machen, dass ich damit abnehmen kann?", fragte ich mich. Mir kam die Idee, einfach mal abzuwarten und zu beobachten.

Und ich war total erstaunt. Ich fühlte kaum noch Hunger, ich hatte tatsächlich keinen Hunger, und das ganze sieben Tage lang. Mit ganz wenig Nahrung, die ich zu mir nahm, fühlte ich mich pudelwohl und das ohne Hungergefühl.

Dann wurden wir zu einem Fest eingeladen. Dort habe ich die vielen guten Sachen probiert, die es dort zu essen gab. Die nächsten Tage waren nicht viel anders. Überall gutes leckeres Essen.

Ohne nachzudenken griff ich zu.

Ich hatte die gute Kraft, die gute Gelegenheit, mit wenig Nahrung auszukommen, verspielt. Es war vorbei.

Mir wurde klar, dass mir die Ernsthaftigkeit weiter abzunehmen, gefehlt hatte.

Hätte ich die gebotene Chance genutzt, wäre ich heute wahrscheinlich um viele Pfunde leichter.

Mal sehen was passiert, wenn ich es wirklich wieder will!

# Der Besuch
# *einer erdgebundenen Seele*

Frau H. hatte telefonisch einen Termin mit mir vereinbart!

Um was es ging wusste ich nicht. Als sie zu mir kam, wirkte sie überdreht und überspannt. Eigentlich war sie gar nicht zu beschreiben. Sie war sehr freundlich, aber gleichzeitig ging von ihr eine große Unruhe aus. Ich fragte sie nach ihrem Anliegen. Sie erzählte von verschiedenen Symptomen, die sie die letzten Monate verspürte. Plötzlich bekam ich eine unbestimmte Ahnung. Gleichzeitig spürte ich eine seltsame Energie in dem Raum, in dem wir uns befanden. Ganz vorsichtig fragte ich Frau H. ob sie schon einmal was davon gehört hätte, dass es Seelen gäbe, die noch erdgebunden sind und sich manchmal anderen Menschen anschlossen.

Frau H. sah mich verwundert an und sagte: „Schon wieder, so etwas habe ich schon einmal erlebt!"

Dann arbeiteten wir beide miteinander.

Später hat sie mir folgenden Bericht zukommen lassen!

Da dies alles schwer zu erklären oder zu beschreiben ist, habe ich den Bericht von Frau H. so gelassen, wie sie ihn so wunderbar geschrieben hat!

### *Der Besuch einer erdgebundenen Seele*
*von Frau H.*

Heute möchte ich Ihnen erzählen, wie Anita E. mich auf liebevolle Weise von einer Energie befreit hat, die ihren Weg nicht direkt in ihr Paradies gefunden hat und mich als Brücke gewählt hat, in dem Wissen, dort erfolgt Hilfe. Ich selbst beschäftige mich seit vielen Jahren mit Lichtarbeit und Heilarbeit. Zu dieser Arbeit gehört auch, sich mit den Dingen zu beschäftigen, über die nicht so oft und gerne gesprochen wird. Diese Dinge sind genauso Bestandteil unseres Universums, wie das reine Licht und die Liebe Gottes und wir müssen uns nicht ängstigen, sondern der richtige Umgang hilft uns, jenen Wesen oder gar Seelen den Weg in ihr Licht und ihr eigenes Paradies zu zeigen.

Es war nicht meine erste Erfahrung. Aber es war eine ganz besondere. Ich lernte eine ganz besondere Art und Weise kennen – mit Gottes Hilfe und: Anita E.

Meine Geschichte: Eine weitläufige Bekannte, jedoch ein Mensch, den ich immer gerne sah und Worte mit ihr wechselte, wenn man sich zufällig traf, hatte ihrem Leben auf eigenen Wunsch, aber jäh und plötzlich für alle, die sie kannten, ein Ende gesetzt.

Ich selbst hörte nur zufällig davon und unter normalen Umständen hat man ein tiefes Mitgefühl gemischt mit Gedanken an die Familie und je nach Fall und Nähe ein Revue-Passieren des Menschen, wie man ihn kannte. Doch mich ließ diese Botschaft nicht mehr los. Irgendwie berührte mich dieser Vorfall sehr und mit den Tagen musste ich immer öfter und intensiv an die Verstorbene denken. Es zog mich sogar in das Dorf, wo sie bis zu ihrem Tod wohnte und ich ging dort in dem Wald spazieren und dachte oder hatte das Gefühl, sie sei bei mir. Ganz seltsam! Ich hatte diese Frau wirklich nicht näher gekannt. Uns verbanden die Hundeliebe und Gespräche darüber. Gleichzeitig hatte ich in dieser Zeit oft eine unbekannte Traurigkeit, die nicht meine eigne zu sein schien. Zusätzlich eine Unruhe und plötzlich auch schlaflose Nächte. Mein Körper schien wie verkrampft – Tag und Nacht. Ich fühlte mich nicht gut.

Wie befremdlich das für so manchen auch klingen mag, ich wusste, ich hatte eine fremde Energie bei mir und dies war wirklich nicht das erste Mal. Aufgrund früherer Erfahrungen war ich mir sehr sicher, dass es eine Seele war, die ihren Weg nicht fand. Damals war ich in solchen Fällen immer weiter weg gefahren, um mir Hilfe zu holen.

Eine liebe Kundin und Freundin hatte mir an diesem Weihnachten, also einige Wochen vorher, einen Gutschein für eine Sitzung und Heilbehandlung bei Anita E. geschenkt. Und da ich überzeugt davon bin, dass es im Leben keine Zufälle gibt und alles zum richtigen Zeitpunkt zu einem kommt, wusste ich, Frau E. kann und muss mir helfen. Wie, das war offen.

Warum ich vermute, dass es eine unerlöste Seele war? Ich kann es nicht erklären, ich weiß es einfach. Ob ich genau weiß dass es die Seele meiner Bekannten war? Nein – ich weiß nur, ich habe ungewöhnliche Wochen erlebt mit Gedanken und Gefühlen, die mir so fremd waren und die trotzdem plötzlich da waren und mich begleiteten. Gedanken an eine Person, die vorher keinen Platz in meinem Leben einnahm. Eine Unruhe, die ich nie zuvor so deutlich gespürt habe und eine liebevolle, zarte aber auch ängstliche Energie, die vorher auch nicht da war. Der Zwang zu Plätzen und Orten zu gehen, die ich vorher nie besucht habe. Tränen in Momenten, die überraschend waren. Schmerzen im Körper und eine neue, mir völlig unbekannte Aggressivität, immer mal wieder. Ich war wie auf den Kopf gestellt. Und immer diese Gedanken an die Person, die sich ihr Leben nahm.

Wie mir geholfen wurde?

Ich rief Frau E. an und wir vereinbarten einen Termin. Nach einer liebevollen Begrüßung fragte Anita E. mich dann, wie sie mir helfen könne und ich berichtete von meinen Verwirrungen und Unruhen und Gefühlen, die so gar nicht zu mir gehörten. Sie fühlte sich in meine Energie hinein und nahm sanft Anteil an dem, was ich mit mir „herumtrug". Wir beschlossen, der Seele zu helfen und zu sehen, was passiert. Frau E. bat mich auf ihre Liege, deckte mich sanft zu, riet mir, die Augen zu schließen und einfach nur zu fühlen, was sich veränderte. Während sie aus einem Buch wunderbare Sätze und Gebete las, versuchte ich, die wabernden Gefühle und Energien zu ignorieren, die mich seit Wochen „auf trab" hielten, die in mir regelrecht pulsierten. Zuerst verstärkten sich alle Symptome auf einmal, es war wie ein krampfhaftes Festhalten. Dann merkte ich nach einigen Minuten, wie sich urplötzlich alle Muskeln auf einmal entspannten und etwas, das sich die ganze Zeit an mir festgehalten hatte, plötzlich losließ. Dieses Gefühl kann ich nicht beschreiben, es ist, als wenn man aus einem leichten Krampf plötzlich die Erleichterung spürt, ein Aufatmen, wie ein Augenblick der richtigen Befreiung, ein einfach in sich Zusammensacken. Es war so sehr erleichternd. In diesem Moment drehte sich auch Anita E., die während des Betens am Fenster stand, zu mir um und sagte: „Jetzt ist es gut, gell?" JA – es war gut." Ich fühlte mich wie ein neuer Mensch – nein, sagen wir, wie der alte Mensch, der ich vorher war. Es ging mir viel besser!

Anita E. hat mir einen wunderbaren, liebevollen und sehr kraftvollen Weg gezeigt, in solchen Situationen zu handeln und mit Leichtigkeit dieser Seele den Weg zu ebnen, den ihr vorgesehenen Weg auch zu gehen.

Es ist so wunderbar, was Frau E. tut. Ihr tiefer Glaube, verbunden mit ihren einfühlsamen und liebevollen Fähigkeiten hat mir unglaubliche Erleichterung gebracht. Ich weiß, es gibt Dinge zwischen Himmel und Erde, die kann man sich nicht vorstellen. Man muss sie selbst erlebt haben. Frau E. hat mich dabei begleitet, und mir ihren wunderbaren Weg gezeigt, Heilung und Liebe zu leben und dabei auf allen Ebenen zu helfen. Diese Seele, diese Energie oder was auch immer es war – es ist nun dort, wo ihr Paradies ist. Sie wurde begleitet von göttlichen Helfern und behutsam dorthin geführt, wo sie in Liebe empfangen wird und wo ihr Platz ist. Freiwillig und ohne Angst hat sie am Ende losgelassen, hat gehen können. Und ich habe mich sehr in Sicherheit gefühlt – während der Behandlung und noch wichtiger: danach. Anita E. macht eine tolle Arbeit – vielen herzlichen Dank dafür!!!

Diese Geschichte ist eine wichtige Geschichte. Sie betrifft uns alle, wir, die wir mit Licht und Liebe arbeiten, sind immer Anziehungspunkt für Wesenheiten und Seelen, die ihren Weg manchmal einfach nicht sofort oder alleine finden. Wie im richtigen Leben! Und wir wirken auf solche Wesen natürlich unglaublich attraktiv! Man stelle sich eine Leuchte im Dunkeln vor, und was passiert? Die Motten fliegen zum Licht. Sehr, sehr oft geschehen Vorfälle, in denen die Verstorbenen noch nicht bereit sind, zu gehen. Plötzliche Unfälle oder Schockzustände durch dramatische Umstände beim Eintreten des Todes lassen die Seelen nicht erkennen, dass sie nicht mehr in ihrem Körper sind. Sie haben Angst und sehen nicht gleich das Licht Gottes und der Boten, die uns ins Licht führen. Sie verbleiben bei uns und irren herum, suchen sich energetische Hilfe – und finden sie bei uns. Auch wenn man achtsam sein sollte und sich dagegen schützen sollte, man braucht keine Angst zu haben. Nicht alle Dinge möchten uns schaden, manchmal brauchen sie einfach nur unsere Hilfe!

**Anhang:** Kurze Beschreibung der Hilfe und Unterstützung einer Seele auf ihrem Weg in ihr wahres Zuhause, in ihr Paradies, ins Licht.

Es ist wichtig mit der Seele zu kommunizieren, zu sprechen. Vorher bitte ich Gott, Jesus Christus und die Schutzengel darum, die Person und die Seele zu beschützen und ihr zu helfen.

Der Seele erklären, dass ihr wahres Zuhause, ihr Platz nicht hier, sondern im Licht, bei Gott ist. Dass sie dorthin gehen kann, das sie keine Angst zu haben braucht usw. …

Dann gibt es wunderbare Befreiungsgebete, in denen die Mutter Gottes Maria, die Engel und Jesus Christus um Hilfe für diese Seele gebeten werden.

# *Dialog mit ...*

Christel ist eine Freundin von mir. Sie arbeitet schon längere Zeit an sich.

Sie ist ein Kopfmensch, dass heißt, sie will oder muss alles verstehen und regeln, sonst geht es ihr nicht gut. Sie ist ein besonders lieber Mensch, auf der Arbeit immer besonders fleißig. Will, dass es allen gut geht. Oft ist sie deshalb aber auch überfordert, oder überfordert sich selbst und lässt sich ausnutzen.

Dies möchte sie ändern, damit es ihr besser geht.

Gesundheitlich geht es ihr auch nicht gut, sie ist gegen viele Lebensmittel allergisch.

Manchmal überfällt sie aber eine regelrechte Fressgier und sie muss dann Lebensmittel essen, die sie nicht verträgt. Danach geht es ihr dann besonders schlecht. Sie weiß das, trotzdem kann sie in diesem Moment nicht davon lassen.

Wir saßen zusammen und überlegten, wie sie das ändern könnte. Ich schlug ihr vor einfach mal zu spinnen und dabei zu überlegen was oder wer sie dazu veranlassen könnte, so unvernünftig zu handeln.

Christel schreibt weiter ...

Wie es mir erging.

Es ist eigentlich immer spannend mit Anita. Aber diesmal war etwas anderes da. In der Vergangenheit hatte ich oft das Gefühl, „jemand klopft an und ich lasse ihn nicht rein". Oder habe „die Hinweise" weggewischt wie ein Spinnweb vor dem Gesicht.

Die Antworten kamen einfach, ohne mein Zutun, ohne überlegen zu können oder zu analysieren.

Aber diesmal war mir ganz anders. Plötzlich war es so klar und deutlich. Da kommuniziert jemand mit mir. Und ich „empfange"! Da war sonst nichts nebenher, keine Gedanken, nichts was gestört hätte.

Anita meinte, ich solle mich auf mich selbst konzentrieren.

„Wer kontrolliert dich? – Nicht du selbst. Unter wessen Kontrolle stehst du, wer will dich kontrollieren, musst du dich kontrollieren lassen, um irgendwem zu entsprechen?"

Das ist etwas, dass ich suche. Aber was …

Von wem lasse ich mich kontrollieren? Wenn ich in mich hinein-stopfe, wen bestrafe ich damit?

*Hier weiß ich nicht mehr alles, was gesprochen wurde …*

Dann „hörte" ich „Höre mir zu! Du weißt viel mehr als du denkst, gehe achtsamer mit dir um!"

Wie denn? „Du fragst noch? Höre öfter zu, dann erfährst du viel mehr. Nimm dir Zeit!"

Ich war überrascht, aber alles war so fließend. Keine Zeit zum Nachdenken, es war einfach da!

„Glaube mehr an dich! – Jetzt bist du sprachlos!"

Unsere Frage, wohin das führt, wurde mit „du erfährst es noch" beantwortet.

Dann wurde mir gesagt: „Christian ist auch hier, es geht ihm gut. Wir bleiben in Kontakt."

Es war eine echte Kommunikation! Ich habe sie in der Du-Form empfangen. Das war sehr deutlich. Oft habe ich auch in der Vergangenheit gemeint, ich bilde mir etwas ein, ich rede mit mir selbst. Aber jetzt konnte es deutlicher nicht sein. Alltäglich mache ich, rede ich, tue ich, soll ich. Aber ich habe nie zu mir gesagt, du kannst das, oder brauchst du das? Es waren nicht meine eigenen

Gedanken oder Worte. Es war auch keine strenge Kommunikation, sondern eher humorvoll. Ich musste zwischendurch öfter lachen.

Anita meinte später: „Du hättest dich mal selber sehen müssen, dein Gesichtsausdruck war – weit aufgerissene Augen, totales Erstaunen ..."

Die Begleitung von Anita durch dieses Erlebnis war einfach wunderbar. Ich fühlte mich bei ihr sicher und gut aufgehoben!

„Innehalten – zuhören! Kommt in den letzten Tagen immer wieder. Höre öfter zu, dann erfährst du ganz viel. Sei achtsamer. Einfach mal stillstehen."

Und es ist tatsächlich so. Und da ist auf einmal auch ein starkes Gefühl in mir mitten drin!

Ich bin noch skeptisch. Kann ich damit umgehen? Da ist postwendend die Antwort: „Klar kannst du!", auch jetzt beim schreiben! „Klar kannst Du!"

Wir haben mittlerweile noch einmal darüber gesprochen. Wenn ich mich auf mich besinne, achtsamer mit mir umgehe, entsteht ein Gefühl von Ruhe und tiefem Frieden.

Es ist ein Weg, der sehr spannend ist. Man muss sich nur darauf einlassen!

Ich bin auf dem Weg!

# *Kompetenz*

Im April war ich zu einem Aufstellungsabend in Frankfurt. Ich suchte eine neue Aufstellungs- und Supervisionsgruppe. Diese wollte ich an diesem Abend kennenlernen.

Zu Beginn bekamen wir den Auftrag, unsere Kompetenz aufzustellen. Also, ich selbst und meine Kompetenz. Neben mir stand eine Frau die ich fragte, ob sie mit mir arbeiten und meine Kompetenz darstellen wolle.

Ich war guter Dinge, denn ich fühlte mich sehr gut. In der Rolle meiner Kompetenz legte sich die Frau, die diese darstellte, allerdings auf die Erde und es ging ihr gar nicht gut. Ich bemühte mich, sie zum Aufstehen zu bewegen, es war nicht möglich. Es kam zu keinem Ergebnis. Ich fragte sie, welchen Teil sie von mir dargestellt hat. Ich war der Auffassung, sie hätte irgendeinen Teil von mir, vielleicht Trauer oder Angst dargestellt. Sie meinte allerdings, es sei kein Teil gewesen, sondern eine Person. Das überraschte mich. Damit hatte ich nicht gerechnet. Ich fragte mich, wer das wohl gewesen sein könnte.

„War das ein Mann oder eine Frau, die du dargestellt hast?", fragte ich die Frau am Ende des Abends. „Eher ein Mann", antwortete sie, „frag doch einfach mal nach dem Namen." Ich war schon sehr überrascht. So etwas hatte ich noch nicht probiert.

Am nächsten Morgen, kurz nach dem Aufwachen, dachte ich wieder an diese Situation und fragte innerlich nach dem Namen der Person, die sich am Vorabend gezeigt hatte.

„PETER", ohne das ich Zeit gehabt hätte, noch irgendeinen anderen Gedanken zu denken, vernahm ich in meinem Inneren „PETER".

Peter ..., ich überlegte ..., mein Großvater hieß Peter. Über ihn hatte ich mir in meinem Leben kaum Gedanken gemacht. Vom

Erzählen her soll der Umgang mit ihm nicht so einfach gewesen sein. Er soll auch ein schweres Schicksal gehabt haben.

Ich begann über ihn nachzudenken. Als ganz junger Mann war er im Ersten Weltkrieg gewesen. Sein einziger Sohn, den er über alles geliebt hat, wurde im Zweiten Weltkrieg vermisst. Seine Frau hatte einen schweren Unfall, deshalb mussten seine beiden Töchter die Schule vorzeitig beenden (im 6.–7. Schuljahr) und ihm auf dem kleinen Bauernhof helfen.

Mit seinem Schwiegersohn, meinem Vater, soll das Verhältnis nicht sehr gut gewesen sein.

Er lebte mit seiner Frau, seiner Tochter, die meine Mutter war, meinem Vater, der sein Schwiegersohn war und mir in einem Haushalt.

Ich erinnerte mich, dass meine Mutter mir einmal erzählt hatte, dass mich mein Opa wohl sehr lieb hatte und sehr froh mit mir gewesen sein soll. Auch meinen Namen soll er ausgesucht haben. Bei diesen Gedanken war ich innerlich ganz gerührt. Ich war sechs Monate alt, als er starb.

Und plötzlich war er da, mein Opa. Innerlich sah ich ihn (ich schlief nicht, es war kein Traum). Ich wusste, er war es. Ich spürte seine Liebe. Ich spürte, wie mein Herz berührt wurde, wie mein und sein Herz sich berührten, wie es zu einem Fließen, zu einer ganz innigen und tiefen Herzensbegegnung kam. Dann sah ich meine Oma, die dazukam, ebenso noch meine Mutter und mein Vater.

Jetzt geschah etwas, was ich wohl in meinem ganzen Leben nicht mehr vergessen werde. Von diesen vier Menschen ging ein Frieden aus, eine Liebe, eine ganz tiefe innige Liebe, die mich berührte, mein Herz berührte. Ich fühlte, wie es zu einem Fließen von Liebe kam, einem Verbundensein von uns allen, ohne einen Gedanken, ohne ein Bewerten. Nur Liebe, fließende unendliche

Liebe, die mich innerlich berührte und gleichzeitig die Menschen mit denen ich in diesem Moment verbunden war. Ich erlebte diese Herzensverbindung mit jedem dieser Menschen, wir waren in ganz inniger, ganz tiefer Liebe miteinander für einige Zeit verbunden. Anders kann ich es nicht beschreiben, ist es nicht zu beschreiben.

Wie lange es dauerte weiß ich nicht genau. Ich war danach, warum auch immer, körperlich und auch seelisch zuerst einmal für mehrere Stunden völlig erschöpft. Es war wohl viel zu verarbeiten. Das Gefühl der Erschöpftheit hat sich dann gewandelt, in Kraft, ein Gefühl von Freisein, Freiheit, Klarheit.

Es ist alles gut. Danke Opa, und EUCH allen für das Geschenk!

# *Du sollst nicht mehr leben*

Ich war bei unserer Tochter zu Besuch. Als ich mich verabschiedete durchfuhr mich eine unendliche Traurigkeit, so wie als wenn ich wüsste: Du wirst sie nie wieder sehen. Es war das letzte Mal das du sie gesehen hast. Es ist ein Abschied für immer. Ein ganz tiefer Schmerz, eine ganz tiefe Trauer durchdrang meinen ganzen Körper, meine ganzen Gedanken. Es war furchtbar. Ich fühlte mich total hilflos. Eine totale Hilflosigkeit und Ohnmacht. Ein innerer Zusammenbruch und große Angst.

Was war das? War es ein Zeichen, dass ich bald sterben werde? Es fühlte sich so an.

Ich war schockiert. Wenn das wirklich so ist, was jetzt? Was wird aus meiner Familie, meinem Mann. Kommen die ohne mich zurecht und so weiter, und so weiter.

Wenn ich sterben soll, wenn das eventuell so bestimmt ist, kann ich etwas dagegen tun? Kann ich mich wehren, mich verstecken, um dem zu entfliehen?

Immer noch war dieses tiefe Gefühl, dass ich meine Tochter und ihre Familie wohl nie mehr sehen werde in mir.

Ich wollte mit meinem Mann in den nächsten Tagen in Urlaub fliegen. Es war alles gebucht. Werden wir verunglücken? Vielleicht stürzen wir mit dem Flugzeug ab? Sollte ich alles rückgängig machen? Soll ich etwa mit meinem Mann darüber sprechen? Wie erkläre ich das? Wird er es verstehen? Oder hält er mich vielleicht für verrückt?

Mit all meinen Gedanken, die in allen Richtungen nach Lösungen suchten, kam ich nicht weiter.

Es wurde mir erst leichter, als mir klar wurde, dass ich gar nichts machen konnte. Wenn ich eventuell unseren Urlaub absagen würde, könnte ich ja vielleicht mit dem Auto tödlich verunglücken, oder vielleicht unglücklich die Treppe herunterfallen, oder, oder, oder ...

Ich habe keine Chance meinem Schicksal zu entrinnen, was ich auch tue. Ich weiß ja sowieso nicht, ob ich Morgen noch da bin, ob ich Morgen noch lebe! Was nützt all mein Bemühen mit Gewalt am Leben zu bleiben? Nichts! Mir wurde durch und durch klar, dass ich keinerlei Macht und Möglichkeiten darüber habe wie lange ich noch leben, oder wann ich sterben werde. Ich bin ausgeliefert ... Ich gebe auf!

Bei den letzten Gedanken die mir kamen merkte ich, wie ich ruhiger wurde und ein friedvolles Gefühl machte sich in meinem Körper breit. Ich spürte bei dem Gedanken: „Ich nehme es hin, es kann sein, dass ich sterben werde oder vielleicht auch nicht, und wenn, die Erde dreht sich weiter", dass ich dann gelassener und ruhiger wurde.

Ich kann nichts tun, ich bin ausgeliefert. Das ist das Schicksal.

Wir fuhren in Urlaub und hatten eine wirklich schöne Zeit. Meinem Mann habe ich nichts gesagt. Alles konnte ich genießen, immer mal mit dem Gedanken, vielleicht ist es das letzte Mal.

Der Urlaub war zu Ende und wir lebten noch. Das Flugzeug war nicht abgestürzt.

Es waren schon ein paar Tage vergangen, als mich wieder ein starker Gedanke durchfuhr und mich aufrüttelte: „Du sollst nicht mehr leben!"

Du sollst nicht leben? Was war das schon wieder. Wie ist das gemeint? Mit dem Thema hatte ich mich doch auseinandergesetzt und hatte angenommen, es für mich geklärt zu haben. Wir hatten den Urlaub doch überlebt und ich lebe immer noch. Und jetzt wieder die Worte: „Du sollst nicht mehr leben!"

Mit einem Mal wurde mir klar, was mir dieses Erlebnis sagen wollte: „Du sollst nicht leben", du sollst nicht – so – leben wie bis jetzt, der alte Mensch in mir soll nicht mehr leben. Ich sollte mich ändern. Meine Vergangenheit sollte ich hinter mir lassen, endlich ganz loslassen. Meine alten festgefahrenen Einstellungen und Überzeugungen, meine alten Themen, die mich immer noch belasten. Diese sollen sterben, damit soll ich aufhören noch an denen zu hängen. Alles lassen, loslassen, auch meinen Familie in Frieden loslasse, die doch in der Lage ist, alleine zurechtzukommen, ohne das ich mir große Gedanken mache.

Mein EGO soll sterben. Ich soll einfach leben, mein wahres Selbst soll leben. Ich weiß es doch, dass alles in Gottes guter Hand ist, auch wenn ich vieles nicht verstehe.

Ich kenne sie doch, diese großen Erfahrungen, dass tief in mir Gott ganz nahe ist, das er in mir lebt.

Und trotzdem geschieht es und ich lasse es immer wieder zu, dass alte Ängste und ungute erlernte Überzeugungen heute manchmal noch hochkommen und mich behindern.

Von einem alten Indianerstamm hatte ich einmal gehört, dass die Jugendlichen, die dort lebten, ihre Kindheit sterben lassen sollten, wenn sie in die Pupertät kommen. Richtig sterben lassen. Das hat eine andere Qualität als nur loslassen. Es bedeutet das sie ihre alten Verletzungen, ihre Traumata die sie in der Kindheit erlebt hatten, vergessen, sterben lassen sollten. Erst dann wären die Jugendlichen in der Lage, frei und kraftvoll zu leben. Sie könnten dann ohne Belastungen aus ihrer Vergangenheit ihren neuen Lebensabschnitt der jetzt folgt, mit voller eigener Kraft leben. Dies sei für jeden Lebensabschnitt wichtig. Das alte muss sterben, nicht nur losgelassen werden, damit dieses neue Leben, Platz und volle Kraft erhält.

Sollten die Zeichen, die ich über das Sterben erhalten hatte, mich vielleicht auf dieses Thema hinweisen? Ich dachte darüber nach.

Mit einem Mal geschah eine Verwandlung. Die folgenden Worte eines Mystikers kamen mir in den Sinn: „Mein Gott, nimm mich mir und mach mich ganz zu Eigen dir!"

Sogleich hatte ich innerlich das Gefühl in meinem Körper entkrampft sich etwas und ich wurde ruhiger und klarer. Es kam ein Gefühl von Freude und Frieden auf. Ich fühlte mich besser.

„Nimm mich mir – nimm mein altes Leben von mir, meine falschen überzogenen, überheblichen Gedanken, Überzeugungen und Erwartungen, Einbildungen, Illusionen!" Ja, das soll von mir genommen werden, damit soll ich aufhören, diese sollen nicht mehr leben, das soll ich sterben lassen! Das heißt, ich soll mich mit meiner Lebensgeschichte richtig aussöhnen.

Und: „Mach mich ganz zu Eigen dir", ich gehöre ja zu dir. Mein wahres Selbst, meine Gotteskindschaft soll ich bewusst erkennen und leben. Leben als neuer Mensch.

Jetzt habe ich es begriffen!

Das Alte muss losgelassen werden. Ich muss das alte EGO sogar sterben lassen (das hat eine andere Qualität als nur loslassen), damit mein wahres Selbst richtig leben kann (als Kind Gottes, das wir sind, die Tochter, der Sohn Gottes).

Aber ich schaffe es nicht alleine!

# *Der Altar*

## Eine Vision

Ich stehe vor dem Altar in einer Kirche, unserer Kirche. Ich sehe nur den Altar. Der Altar ist ohne Schmuck, nur Stein.

Kein Kreuz, kein Jesus oder sonst ein Bild, keine Kerzen oder Blumenschmuck stehen auf ihm, auch keine Spitzendeckchen liegen darauf. Nur der Stein. Einfach und klar, nur größer und stärker wirkend als ich ihn kenne.

Zuerst stand ich neben ihm, dann genau vor ihm, ein paar Meter von ihm entfernt. Zuerst nehme ich meine Unzulänglichkeit wahr, meine Schwachheit und Hilflosigkeit. So wie ich bin.

Dann stehe ich ganz gerade vor ihm, schaue nur auf den Altar, erkenne in ihm das Symbol für das Große. Ich spüre eine Kraft, spüre mich von dieser Kraft berührt. Ganz klar und deutlich spüre ich diese große Kraft in meinem Körper, in meiner Brust, in meiner Mitte.

Ich empfinde Ehrfurcht und Achtung. Verneige mich in diesem Moment ein wenig. Ich weiß in diesem Moment, dass mich das Große sieht und berührt.

Ich stehe genau vor der Mitte des Altares, vor Gott, der ohne Bild sich zeigt. Weiß mich gesehen und erfahre Verbindung, Berührtsein, Beachtung. Stehe fest und klar. Spüre diese Stärke, die mich stehen lässt.

Hinter mir in der Kirche nehme ich jetzt noch mehr Menschen wahr.

Diese Kraft, dieses Gefühl in mir, das ich dort wahrgenommen hatte, spürte ich beinahe noch den ganzen nächsten Tag.

Diese Klarheit, so eine Stärke, das Gefühl von „ja, so ist es, ich stehe", habe ich bis heute noch nicht erlebt.

„Ich bin, und weiß mich beachtet und achte und verneige mich vor dem Großen!"

# *Ein Euro*

Schon seit vielen Generationen findet in Kirchberg, einer kleinen Stadt in unserer Nähe, der Michaelismarkt statt. Überall im Zentrum des Ortes stehen dann Schausteller mit ganz verschiedenen Waren. Auch einheimische Vereine oder soziale und kirchliche Einrichtungen stellen sich vor oder verkaufen diverse Dinge.

Dieses Mal stellte sich auch die Tafel vor. Die Tafel ist eine Einrichtung, wo Bedürftige für wenig Geld einkaufen können. Einige Lebensmittelgeschäfte spenden Waren, die kurz vor Ablaufdatum sind oder auch frische Waren, die sie nicht verkauft haben, diesen Einrichtungen. Dort werden diese dann weitergegeben. Viele Mitbürger helfen dort ehrenamtlich mit. Auch einige Freunde und Bekannte von uns.

Die „Tafel" hatte dieses Jahr auch einen Stand aufgebaut. Einen kleinen Flohmarkt und daneben einen Stand, an dem man Lose kaufen und kleine Gewinne machen konnte.

Vor dem Verlosungstisch stand ein Schild.

Darauf stand geschrieben: **„Ein Los 1 Euro. Für einen Euro kaufen wir zwei Pfund Mehl."**

Ich hatte, als ich dies gelesen hatte, das Gefühl als ob jemand mir mit der Faust in den Magen geschlagen hätte. Mir wurde regelrecht schlecht.

Ein Euro – zwei Pfund Mehl – ergibt, dachte ich – ein Brot.

Ein Brot. Ein Brot zum Leben. Ein Brot Hunger zu stillen. Ein Brot zum Überleben.

Wie viel Not und Elend gibt es auf der Welt? Wie viele Kinder verhungern täglich? Ein Euro! In verschiedenen Jackentaschen habe ich ein Eurostück, um es zum Beispiel bei Aldi in den Einkaufs-wagen zu stecken.

Ein Euro, oft kaum beachtet – zwei Pfund Mehl – ein Brot –Leben.

Ein Euro in meiner Hand, ich habe Leben in meiner Hand. So hatte ich bis dahin dieses Geldstück noch nicht gesehen.

# Es ist seine Kraft, die Liebe!

Immer wieder fragte ich mich: „Woher kommt die Kraft, die heilt? Was ist es das heilt, wer oder was steht dahinter?"

… und dann kamen zu meinem Erstaunen die Antworten, wie ich in den letzten Jahren schon öfter erlebt habe.

Aus dem Nichts, meist am Morgen, wenn ich gerade die Augen aufschlug hörte ich die Worte: **„Es ist seine Kraft, die Liebe!"**

Ein paar Tage später: **„Verbinde dich mit der Liebe!"**

Wieder ein paar Tage später: **„Es sind seine Hände, die heilen!"**

Vor und bei allen Heilbehandlungen, rufe ich mir dies jetzt ganz bewusst ins Gedächtnis. Die Heilkraft kommt von Gott. Ich verbinde mich mit ihm, mit seiner Liebe. Wenn ich meine Hände auflege, sind es seine Hände, die heilen.

Ich bin sein Werkzeug, der Übermittler seiner Heilkraft!

Ein altes Gebet, das viele Heiler auf der ganzen Welt beten wenn sie sich auf ihre Heilbehandlungen einstellen und vorbereiten, lautet:

*Gott ist die Quelle aller Seligkeit, Gott ist die unendliche Liebe, Weisheit, Allmacht, Einsicht, Gott ist vollkommen!*

Schon viele Jahre spreche auch ich manchmal diese Worte und kann mich voll Vertrauen in seine guten Hände begeben. Mit der Überzeugung, dass das Richtige geschieht, auch wenn ich es manchmal nicht verstehe.

# *Besondere Erlebnisse – Hilfe auf meinem Weg*

## Tücher

Von einem Priester habe ich davon gehört, dass die Jünger mit Tüchern Kranke geheilt haben. Sie sollen diese Tücher aufgelegt haben und den Kranken soll es dann besser gegangen sein.

Eines Abends, in meinem Arbeitszimmer, geschah etwas ganz Wunderbares.

Ich stellte fest das Gott, die Heilige Dreifaltigkeit, Heilkraft auf ein Tuch, welches auf dem Tisch lag, übertragen hatte, während ich betete.

Nach dem dies geschehen war erschrak ich: „Was ist denn jetzt passiert, bist du größenwahnsinnig geworden", sagte ich zu mir selber. Ich verließ das Zimmer und beruhigte mich erst einmal.

Nach einiger Zeit wagte ich mich wieder ins Arbeitszimmer zurück, nahm das Tuch in meine Hände und ich spürte, dass von dem Tuch eine gute Kraft ausging.

Dieses Wunder ist seither immer wieder geschehen. Es geschieht immer im Namen der Heiligen Dreifaltigkeit!

Und immer wenn ich jetzt darum bitte, dass es wieder geschehen soll, dann bitte ich Gott vorher darum, dass er es nur tun soll, wenn er es wirklich will, wenn es wirklich sein Wille ist, zum Wohle aller, die diese Tücher dann später benutzen.

Ich nehme, wenn es geschieht, immer eine ganz große, unendlich friedvolle, liebende Kraft in mir und um mich herum wahr.

*Ich habe Gott einmal gefragt: „Wie erkläre ich den Menschen das mit den Tüchern, was es ist, was da hilft?"*

*Sofort im gleichen Moment bekam ich folgende Antwort: „Es ist die Liebe Gottes zu den Menschen!"*

Wenn ich einen hilfesuchenden Menschen mit so einem Tuch behandle, oder ihm so ein Tuch mit nach Hause gebe, erkläre ich ihm Folgendes, oder lege folgenden Text zu dem Tuch dazu:

# *Hilfe auf unserem Weg, unserem Heilungsprozess*

## Geschenkt von Gott

Manchmal nimmt er dir dein Leiden
Manchmal mindert er deine Schmerzen
Manchmal umgibt er dich mit seiner Liebe
Manchmal spürst du seine Kraft
Manchmal hält er dich
Manchmal schenkt er dir Frieden
Manchmal führt er dich nach Innen
Manchmal erfährst du etwas Ungeahntes
Manchmal erkennst du erst viel später sein Tun
**Und immer gibt er dir seine Liebe**

Aber manchmal vernimmst du nichts und du erfährst vermeintlich keine Unterstützung, aber vielleicht ist das die Unterstützung! Dann gilt es anzunehmen und anzuerkennen: „Es ist jetzt so!" Um vielleicht später zu erkennen, warum das so war.

**Und trotzdem weiterzugehen und nach guten Möglichkeiten zu suchen die dir weiterhelfen.**

Wir können vieles nicht verstehen.

Gott weiß mehr!

# *Tücher mit Heilkraft*

Ich bin weder Ärztin noch Heilpraktikerin! Es geht bei der Verwendung der Tücher nur um Glauben und Überzeugung! Es handelt sich nicht um Arznei oder Material im Sinne des Arzneimittelgesetzes!

Auf diesen Tüchern ist göttliche Heilkraft materialisiert! Es erinnert an Gott und an die Seele, das Selbst.

Wenn man so ein Tuch in den Händen hält, es auf die erkrankte Körperstelle legt, ist es möglich das man dort, wo das Tuch den Körper berührt, oder aber im ganzen Körper, diese Heilkraft wahrnehmen und spüren kann.

Die Selbstheilungskräfte und Selbstheilungsmechanismen des Menschen können aktiviert und gestärkt werden.

Es kann auch auf der psychischen Ebene zu unterstützenden Wahrnehmungen kommen. Der Mensch heilt sich selbst mit Gottes Hilfe.

Wir können mit unseren Sinnen die liebende Zuwendung Gottes erfahren.

In der Bibel gibt es viele Hinweise auf Wunderkräfte, durch die Jesus und die Apostel heilten. In Korinter Vers 10, gibt es die Gnadengaben von Wunderkräften, durch die Jesus und die Apostel die Menschen heilten. In der Apostelgeschichte steht, dass Paulus Tücher auf die Kranken legte und die Krankheiten wichen und die bösen Geister fuhren aus. Da wird eine geistige Wunderkraft materialisiert in ein Tuch oder einen Schal. Sie legten diese auf die Kranken und es wurde ihnen besser.

Auch auf diesem Tuch ist Heilkraft materialisiert!

> Dies Tuch wurde mir, im Namen der Heiligen Dreifaltigkeit, übermittelt.
> Es ist für Menschen gedacht, die dafür offen sind und sich damit Hilfe und Heilung erhoffen.
> Ich habe großes Vertrauen in Gott und dazu stehe ich!
> Gott weiß was er tut!
> Er lebt, und liebt und heilt die Menschen auch heute noch, überall auf der Welt!

Das Anwenden dieser Tücher soll keinen Arzt oder Heilpraktikerbesuch ersetzen.

Anita Emmel

# *Erste Erfahrung mit dem Tuch*

Ein befreundetes Ehepaar war zu Besuch. Ein paar Tage zuvor hatte ich die Heilkraft des Tuches erhalten und erlebt. Ich bat Ulrike mit mir in mein Arbeitszimmer zu kommen.

Dort fragte ich sie, ob sie Lust hätte, etwas auszuprobieren. Sie stimmte zu, ohne zu wissen um was es ging. Auch ich wusste nicht, was geschehen würde. Bis jetzt hatte nur ich das Tuch in meinen Händen gehalten und bis jetzt noch niemandem davon erzählt, geschweige denn, es jemandem zum Testen in die Hand gegeben.

Ich nahm also das weiße Tuch und gab es ihr mit der Bitte, es zwischen die Hände zu nehmen und es dort ein paar Minuten zu halten.

Ulrike erinnert sich noch heute genau an dieses Ereignis:

„Ich nahm das Tuch in meine Hände und habe fast augenblicklich die Verbindung nach Oben, oder anders gesagt, zum Universum gespürt. Ich war ganz tief in mir berührt, voll Gänsehaut. Und habe mich gleichzeitig geerdet und mit anderen Menschen verbunden gefühlt. Ich verspürte eine tiefe Ruhe und inneren Frieden.

Zwischenzeitlich habe ich das Tuch meist im Liegen benützt, und dabei in den Händen gehalten, oder auf die Brust gelegt. Dabei war wieder der Frieden und die innere Ruhe zu spüren. Das sind jetzt schon über drei Jahre her und es wirkt immer noch!"

U. F.

# *Meine Erfahrungen mit dem Tuch*

**Vor einigen Monaten** ging es mir körperlich sehr schlecht. Mein Blutdruck war extrem hoch, begleitet von extrem starken Kopfschmerzen. Im Gesamten war ich sehr unruhig, teilweise sehr panisch. Egal was ich versucht habe, meine eigene Mitte habe ich immer verfehlt.

Gott sei Dank – und das meine ich NICHT nur als Redewendung, sondern im wahrsten Sinne des Wortes, ist Anita Emmel meine Nachbarin. Sie stellte sich zu einem Krankenbesuch bei mir ein, wir haben uns eine Weile unterhalten, als sie mich fragte, ob sie mir etwas anbieten darf, was mir eventuell helfen kann. Da ich mehrfach die Erfahrung gemacht habe, wie Anitas Arbeit mir hilft, habe ich zugestimmt. Sie kam mit einem Bettlaken-großen Tuch, das ich mir zuerst auf die Arme und auf den Schoß legte, schloss die Augen und spürte eine Wärme, die sich in meinem Körper ausbreitete. Ich hüllte mich in dieses Tuch ein und spürte eine deutliche Linderung meiner Kopfschmerzen, die innere Spannung ließ nach. Faszinierend war für mich diese innere Ruhe IN MIR, die ich spürte.

Ich wurde sehr müde, entspannt müde und habe stundenlang sehr tief und fest geschlafen und bin sehr entspannt aufgewacht. Vielleicht ausgelöst durch dieses Tuch, durch die Wärme und die vermittelte Ruhe, konnte ich meinen Weg in Richtung Genesung gehen – es haben sich neue Wege geebnet, die alle zusammen ein Ganzes ergeben haben.

**Eine weitere Erfahrung** mit dem Tuch gibt es ebenfalls, nicht mit/an mir persönlich, sondern mit/an meinem Sohn und meiner Mutter:

Mein Sohn hatte einen Unfall, bei dem sein Auge schwer verletzt wurde.

Am Abend bevor ich zur Klinik fuhr, hat Anita mir ein Tuch gebracht, ohne viele Worte.

Tags darauf in der Klinik angekommen, spürte ich eine große Hektik im Umfeld meines Sohnes. Nach einem Gespräch mit dem Professor erfuhr ich, dass mein Sohn eine sich schnell ausbreitende Entzündung im verletzten Auge hatte, die die bisherigen OP-Erfolge ins Gegenteil zu wenden drohte. Halbstündliche Untersuchungen und entsprechende Medikamentengaben erfolgten.

Zurück im Zimmer reichte ich meinem Sohn das Tuch, nur mit dem Hinweis es dorthin zu legen, wo es ihm gut tut. Er legte es sich unter die Wange, auf der Seite des verletzten Auges.

Eine halbe Stunde später, die nächste Untersuchung stand an, war der Professor etwas verwirrt. Die Entzündung, die sich zuvor sehr schnell ausbreitete, war zum Stillstand gekommen. Zehn Stunden später war sie vollkommen abgeklungen.

Die Worte des Professors: „Da hatte ihr Kind einen mächtigen Schutzengel!" Geschickt durch „das Tuch"???

**Meine Mutter** war schwer krebskrank und ihr Leben war von sehr starken Schmerzen geprägt, Luftnot und die damit zusammenhängende Panik stellten sie zusätzlich auf eine harte Probe.

Ich besuchte sie im Krankenhaus, „das Tuch" dabei und gab es ihr, kommentarlos.

Instinktiv legte sie es sich auf die Brust, in Herznähe. Nicht lange darauf schaute sie mich an und sagte: „Was ist das? Es zieht etwas von mir weg und es gibt mir Wärme." Ihre Atmung wurde ruhiger, meine Mutter entspannte. Dieses Tuch war ihr Begleiter bis zum Tod und darüber hinaus – wir haben es ihr auf die letzte Reise mitgegeben!

All diese Erfahrungen lassen sich schwer in Worte fassen, weil im Inneren manchmal so viel passiert, im Fall meines Sohnes andererseits ist aber gefühlsmäßig nichts passiert und trotzdem wurde so viel ausgelöst.

Birgit Irmiter, 14. November 2007

# Inge war an Brustkrebs erkrankt

Nach der Operation machte sie eine Chemotherapie.

Sie schrieb Folgendes: „Wenn ich sehr großen Stress hatte, habe ich das Tuch auf mich gelegt und innerhalb von ein paar Minuten wurde ich ganz ruhig.

Außerdem fühlte ich einen tiefen inneren Frieden in mir. Viel ausgeglichener und mit mehr Kraft konnte ich den Tag meistern."

# *Erfahrungsbericht Ulrike*
# *15. März 2008*

Rike war bei mir zu Besuch.

Aus ihren Erzählungen weiß ich, dass sie keine leichte Kindheit hatte. Sie war in einem Kinderheim aufgewachsen. Heute noch ist sie in manchen Bereichen ihres Lebens auf der Suche, wo ihr Platz ist und was ihre Lebensaufgabe sei.

Sie hatte von den Tüchern gehört und bat mich darum, ob sie das mal ausprobieren könnte.

Selbstverständlich stimmte ich zu. Wir gingen in mein Arbeitszimmer, ich gab ihr ein großes, weißes Tuch. Rike hängte es um sich und setzte sich auf einen Sessel.

Wir verabredeten, dass ich nach etwa 30 Minuten wieder zu ihr kommen sollte. Ich ließ sie dann allein und ging in die Küche. Nach etwa 20 Minuten kam Rike völlig aufgelöst, mit Tränen im Gesicht zu mir in die Küche zurück. Ich erschrak und fragte was passiert sei.

„Anita, ich habe eine ganz tiefe Erfahrung gemacht", sagte sie „komm bitte mit und schreibe es auf. Ich erzähle es dir!"

Rike erzählte und ich schrieb. Später hat sie selbst dann noch mal alles aufgeschrieben. Und zwar:

Mir kam plötzlich der Satz: „Sie (die im Himmel) holen mich". Dann sah ich Jesus mir schräg gegenüber stehen, was mich tief berührte. Er kam dann langsam an meine Seite, legte seine Hand auf meinen Rücken und drückte mich langsam nach vorne, nach dem Motto: „Jetzt geh." Wir sind zusammen ein Stück gegangen und standen plötzlich vor einem riesig großen Abgrund. Er wollte, dass ich springe, aber ich hatte noch nicht den Mut. Es ging dann so eine Zeit lang hin und her. Dann bin ich gesprungen. In dem Moment wurde ich zu einem weißen Vogel, der flog. Es hat mich sofort von dem Ort weggezogen in die Ferne. Nach einer Zeit lang landete ich auf einem etwas kargen Baum. Ich hatte sofort das Gefühl, ich bin in Afrika. Als ich von dem Baum runter bin, war ich sofort wieder ein Mensch. Ich sah meine Arme, wie ich noch an dem Ast hing. Interessanterweise waren meine Arme farbig, wie bei einem Afrikaner. Als ich an dem Baum stand, fragte ich nach oben, wie es jetzt weitergeht. Sofort stand ein alter Mann mit weißem Haar und weißem Bart in hellem Gewand vor mir und es war mir sofort klar, es war Gott. Er hatte einen messingfarbenen Kerzenständer in der Hand mit einer brennenden Kerze. Er sagte: „Komm mit", und ich folgte ihm. Plötzlich saß vor uns eine Gruppe mit farbigen Kindern auf dem Boden. Ich hatte sofort das Gefühl, dass dies „arme" Kinder seien, wie auch immer dies gemeint war. Da ich selbst farbig war, fühlte ich mich sofort mit ihnen verbunden, es war wie: „Ich bin eine von euch." Es berührte mich so stark, dass ich weinen musste. Die Kinder schauten uns an. Gott gab mir den Kerzenständer mit dem brennenden Licht und sagte: „Du weißt, wie es geht." Das hat mich noch tiefer berührt, denn ich wusste sofort, dass er damit meine Lebensaufgabe meinte.

Ich habe mich mit dem Licht zu den Kindern in die Mitte auf den Boden gesetzt und hatte das Gefühl, sie wissen, dass ich für sie etwas Wertvolles tun kann (das Licht in ihr Leben bringen).

Jesus hat hinter der Gruppe gestanden und mir zugeschaut, so wie: „Ich passe auf, dass du es jetzt wirklich machst."

# Erfahrungsbericht mit meinem Tuch, einer langen dunklen Stola

Vor ca. fünf Monaten brachte mir Anita Emmel dieses Tuch zurück, das ich ihr eigentlich schenken wollte.

Ich saß auf meiner Sitzbank im Wohnzimmer, auf der ich auch jetzt sitze, vor mir steht ein länglicher Tisch. Zunächst legte ich mir das Tuch auf den Kopf, es hüllte meinen Kopf und Oberkörper ein, so als ob ich mich schützen wollte, vor allem vor Geräuschen und dem Sehen. Dieses Schutzbedürfnis hielt lange an, dann hatte ich den Impuls, das Tuch vom Hinterkopf wegzunehmen und es nach vorn zu ziehen, Augen und Ohren blieben bedeckt.

Dann hatte ich das Gefühl, als ob mich von oben senkrecht, durch meinen Hinterkopf und meinen Körper ein helles Licht von unbeschreiblicher Schönheit und Wärme durchfuhr und Kraft, Mut, Zuversicht in mir ausschüttete und mich richtig froh machte.

Diese Erfahrung ist mir heute noch sehr deutlich. Wenn ich mich daran erinnere, werde ich ruhig und gelassen, im Wissen, nicht verlassen zu sein.

3. März 2008
Maria Peglov

Frau Peglov hatte, kurz bevor sie zu mir kam, eine schwierige persönliche Krise. Ihr ging es nicht gut und sie wusste nicht, wie es in ihrer Zukunft weitergehen sollte. Deshalb bat sie um Unterstützung. Ich erzählte von den Tüchern und dieses ist dann geschehen.

# Erfahrung mit dem Tuch

Zu Frau Emmel kam ich, weil ich mich mal wieder etwas in einem „Tief" befand.

Die Beziehung zu meinem Geschäftspartner ist oft schwierig. Ich brauche Einsicht, geistig-seelische Stütze. Antwort auf eine ganze Reihe Fragen, die mit „warum" und „woher" anfangen. Und dann möchte ich endlich finden, was ich wirklich will, was ist mein Weg.

Frau Emmel hat mich also in dieses ganz besondere Tuch eingehüllt. Ich habe mich auf einen Stuhl gesetzt und nach Anweisung die Augen geschlossen, mich entspannt, möglichst nichts gedacht und beobachtet was geschieht.

Unter dem Tuch fühle ich mich geborgen, warm eingehüllt. Ich habe mich bemüht, die Gedanken einfach fließen zu lassen. Dabei tauchten auch Bilder aus meiner Kindheit auf.

Gegen Ende der „Sitzung" wurde es vor meinen geschlossenen Augen ganz hell, so als hätte die Sonne mir ins Gesicht geschienen. Diese Helligkeit ist aber vor meinem geistigen Auge erschienen. Denn als ich die Augen am Ende wieder aufschlug, war es gar nicht so hell.

Frau Emmel bestätigte, dass die Sonne auch nicht ins Zimmer geschienen hatte. Was für ein schönes Geschenk!

Ich war auch ziemlich lahm gekommen. (Probleme mit dem Rücken, Hüftgelenke – zuerst links, jetzt rechts.) Die Belastung hat sich von links nach rechts verschoben. Ich bin etwas gerader geworden und kann besser laufen.

# *Das Tuch der Heilkraft*

Als Anita mich fragte, „hast du Lust etwas auszuprobieren?", war ich natürlich neugierig und sagte sofort zu.

Sie packte ein großes Tuch aus und legte es um mich. Ich wartete ab, was auf mich zukommen sollte.

Es war wunderschön. Zuerst überkam mich eine Ruhe und ein tiefer Frieden. In der hektischen Zeit eine echte Wohltat.

Nach einer Weile hörte ich von Weitem die Stimme meiner verstorbenen Tante, sie rief ganz leise den Namen meines Vaters (Alex). Die Stimme wurde immer lauter und klarer.

Dazu sollte man wissen, dass meine Tante und mein Vater Zwillinge waren und sehr eng verbunden.

Das war ein echt schönes Erlebnis und ich bin Anita sehr dankbar dafür, das ich so etwas Schönes erfahren durfte.

Jeder erlebt dieses Tuch auf eine andere Art, aber es ist echt schön, dass es so etwas gibt und man sollte den Mut aufbringen, Dinge einfach auf sich zukommen zu lassen.

Danke dafür.

E. R.

# *Kurzer Abriss zum Verlauf der Behandlung*

Zur Vorgeschichte kleine Information:
Seit geraumer Zeit (in den letzten Jahren immer häufiger) mittlere bis starke Müdigkeit oder das Gefühl von totaler Erschöpfung oder gelähmt sein.
Wiederkehrende Schmerzen im Bauch und Oberbauch. Diverse „Wehwehchen".
Der als Energielosigkeit empfundene Zustand belastet am meisten.
Während der Behandlung bei Frau Emmel (in ein Tuch eingeschlagen) erlebte ich unterschiedliche Phasen von Gefühlen.

Nach einer Weile wurde ich ruhiger, Farben wanderten vor meinen geschlossenen Augen hin und her. Überwiegend violett. Es dauerte eine Zeit, dann merkte ich unerwartet ein sehr helles Licht, dass vor und über mir zu stehen schien. Dann war es insgesamt um mich herum. Es war ein angenehmes Gefühl. Nach Ablauf der Sitzung fühlte ich mich wohl.

Merkliche Veränderungen spürte ich in den folgenden Tagen. Ich spürte plötzlich vermehrt wieder Energie, die innere Unruhe schien verschwunden. Einfach mehr Kraft, den Alltag zu bewältigen. Das hat etwa vier bis fünf Tage angehalten. Ich hatte nach langer Zeit noch einmal das Gefühl, dass es mir besser ging.

Dann hatte ich eine sehr anstrengende und aufreibende Arbeitswoche. Ich fiel zum Teil wieder in diese „Kraftlosigkeit", obwohl ich sehr viel Kraft benötigte, um die Aufgaben zu bewältigen.

Nun, nach Ablauf der Woche, habe ich das Gefühl, dass sich langsam wieder etwas bemerkbar macht. Gelassener und Phasen von einem guten Zustand kommen zurück.

Ich möchte die Behandlung wiederholen, um festzustellen, ob sich weiter etwas bewegt.

# *Meine Erfahrungen mit dem Tuch waren folgende*

In einer Zeit, als es mir nicht gut ging, ich in einer Depression gefangen war, rief mich Anita an und erzählte mir von diesem Tuch. Wenn man nicht mehr weiter weiß, versucht man schließlich alles, damit sich etwas ändert. Also bin ich zu Anita gefahren und ich nahm erst ein kleines Tuch zwischen meine Handflächen, was mich Ruhe finden lies. Meine Aufgewühltheit war stark herabgesetzt, was ich natürlich mit Einbildung abtat. Da ich aber auch schon länger Nackenschmerzen hatte, welche sich über beide Schultern verbreiteten, ließ ich mir ein größeres Tuch in den Nacken legen. Es dauerte eine Zeit und ich musste das Tuch ablegen, weil ich die Schmerzen nicht mehr aushielt.

Den nächsten Tag konnte ich meinen Kopf kaum drehen und Anita wollte es noch einmal versuchen. Diesen Versuch wehrte ich voller Respekt ab, da ich nicht noch mehr Schmerzen wollte. Es vergingen einige Tage und Anita ließ mir ein Tuch zukommen, was ich dann doch noch mal auf die Problemzonen legte.

Die von mir erwarteten Schmerzen blieben aus, dafür machte sich eine wohltuende Wärme dort breit. Daraufhin wendete ich dieses Tuch noch ein paar Mal an und ich konnte meine Schonhaltung aufgeben und mich wieder normal bewegen. Ganz weg ist es nicht, aber wesentlich besser.

Kurz darauf bekam mein Mann eine heftig verlaufende Magen-Darm-Grippe, wo er Tage nichts bei sich behielt. Ich legte ihm das Tuch öfter auf den Bauch. In dieser Nacht war an Schlaf nicht zu denken, denn es wurde ganz schlimm. Am nächsten Morgen aber äußerte er schon Essenswünsche, welches er auch bei sich behielt.

Es hatte also noch mal geholfen.

# *Erfahrungsbericht von D. S.*
## 71 Jahre alt, geboren in Indien

Ich sitze in meinem Sessel in das Tuch eingehüllt, nur die Beine, Füße und der Kopf sind frei.

Die Füße werden wärmer, obwohl sie nicht in das Tuch eingehüllt sind. Ich fühle, dass der Körper schwerer wird.

Ich sehe innerlich ein Bild, ich sitze am Tisch mit einem jungen Mann und lerne Mathematik.

Dann eine Erinnerung an meine Kindheit. Durga und Lakshami, zwei indische Göttinnen, werden für ein Fest geschmückt.

Dann sehe ich meine Eltern, sind beide schon gestorben. Sie stehen vor mir wie ein Bild. Dann sehe ich meine drei Geschwister wie sie ausgesehen haben, als ich sie vor 35 Jahren das letzte Mal in Indien gesehen habe. Ich sehe Bilder und plötzlich schmerzt es an einem Punkt auf meinem Fußrücken, ein stechender Schmerz.

Nun sitze ich in einer europäischen Kirche. Die Kirche ist hell erleuchtet und außer mir ist niemand da. Nun knie ich als ob ich beten will.

Ich beende die Sitzung. Ich fühle mich schwer, aber der Fuß schmerzt nicht mehr punktuell. Ich spüre noch einen leichten Schmerz.

Ich fühle mich wohl und erholt.

# Bericht über die Erfahrung mit dem Tuch von Anita Emmel

## am 19. November 2007  Christa M., 57 Jahre alt

Bei einem Besuch von Anita bringt sie ein Tuch mit. Das Tuch hat die Größe eines Leinentuchs fürs Bett und ist grün gefärbt.

Um das Experiment nicht zu gefährden, bittet mich Anita vorher keine Fragen zu stellen.

Das Tuch wird im Sessel ausgebreitet und ich setze mich darauf. Anita wickelt mir das Tuch um die Beine und um die Schulter.

Die Unterschenkel, die Füße und der Kopf sind frei. Anita setzt sich zu mir und bittet mich die Augen zu schließen. Wenn ich möchte kann ich ihr während der Sitzung berichten, sie hat Papier und Bleistift zur Hand.

Ich zentriere mich in meine Mitte und bin ganz ruhig und erwarte nichts. Was ich zuerst fühle ist, dass ich schwer werde und mich sehr geborgen fühle.

Plötzlich tauchen Bilder vor meinem inneren Auge auf. Zuerst kann ich nichts damit anfangen, die Bilder wechseln in sehr schneller Abfolge. Mit einem Mal verstehe ich dass die Bilder sehr wohl mit mir zu tun haben und über verschiedene Zeitalter gehen.

An einige Bilder kann ich mich nicht mehr erinnern, deshalb fange ich an zu reden damit Anita dokumentieren kann. Woran ich mich erinnere sind viele asiatische Krieger, die an mir vorbeiziehen. Dann ein anderes Bild, ich sehe Ritter im Kampf, zu Pferd und bin selbst dabei. Plötzlich kommt ein Ritter mit gezogenem Schwert auf mich zu und schlägt mir den Kopf ab. Ich empfinde dieses Abschlagen des Kopfes als überhaupt nicht schlimm, da mir im gleichen Moment völlig klar ist, dass dies nicht in diesem Leben passiert. Ich fühle mich in dem Tuch völlig geborgen.

Ich genieße noch ein wenig das geborgene Gefühl im Tuch und schlage die Augen auf. Körperlich fühle ich mich müde und doch entspannt.

Christa Mannheim<br>
Heilpraktikerin

# *Das Schwarze*

Frau A. kam zu uns. Wir, das sind ein paar Menschen, die gleiche oder ähnliche Interessen haben und sich hier im vertrauten Rahmen austauschen und voneinander lernen können.

Als Frau A., die wir schon lange kannten, zu uns in den Raum kam, hatte sie einen hochroten Kopf. Ich dachte, sie platzt gleich, so geladen schien sie. Nach einer kurzen Erklärung ihrerseits geschah Folgendes:

Frau A. berichtete später:

„Am 14. August 2007 bin ich zu Frau Emmel gekommen.

Ich war schon seit einiger Zeit, seit mehren Tagen, vorher total aufgewühlt, wütend, genervt und verärgert.

Ereignisse in der Familie haben das Fass zum Überlaufen gebracht.

Ich war kurz vor dem Platzen. Mir ging es ganz schlecht. Ich hatte das Gefühl, ich explodiere gleich. Mein Kopf war ganz rot. Ich setzte mich zu den anderen auf einen Sessel. Es waren noch vier weitere Personen in dem Raum, und ich erzählte was geschehen war.

Danach gab mir Frau Emmel ein zusammengefaltetes großes Tuch in die Hand und fragte mich, ob ich bereit wäre, dieses Tuch an meinen Körper, auf den Bauch und vor die Brust zu halten. Dies tat ich.

Ich versuchte mich zu sammeln und zu konzentrieren, um das Tuch auf mich wirken zu lassen.

Nach wenigen Minuten merkte ich, dass da etwas Schwarzes in mir von unten (meinem Bauch), nach oben hochstieg. Frau Emmel fragte mich, ob ich aufhören möchte, ich aber sagte, dass ich weitermachen will. Jetzt hielt ich das Tuch vor mein Gesicht. Ich merkte, wie das Schwarze hoch in meinen Kopf stieg und dann oben zum Kopf hinausflog.

Vor meinen Augen sah ich dabei ein helles Licht.

Danach fühlte ich mich besser, wohler, entspannter und ruhiger. Man könnte sagen, wie ein anderer Mensch.

P. A.

# *Das Fest*

Wir waren zu einer Dorfkirmes eingeladen. Zusammen mit Freunden und Bekannten standen wir um den Bierbrunnen herum. Das Bier floss reichlich. Alle waren lustig und guter Dinge, bis auf eine Freundin. Sie sagte, sie habe schon ein paar Tage sehr starke Rückenschmerzen, die sie kaum noch aushalten könnte. Sie müsste wohl bald nach Hause gehen, weil das Stehen am Bierstand die Schmerzen noch verschlimmert habe.

Die Kirmes in diesem Jahr wäre für sie wohl gelaufen.

Ich überlegte kurz und fragte sie, ob ich etwas bei ihr ausprobieren könnte. Erstaunt stimmte sie zu. Jetzt hatte ich ein Problem. Wie mache ich das jetzt hier? Wir hatten beide, wie die meisten anderen auch, Biergläser in der Hand.

Ich nahm das Bierglas in die linke Hand und stellte mich so neben meine Freundin hin, dass ich meine rechte Hand auf ihren Rücken legen konnte, ohne dass es den anderen, die um uns herumstanden, auffiel.

„Was machst du da", sagte meine Freundin, „mein Rücken fängt an zu kribbeln. Und jetzt wird er auch noch ganz heiß, was ist das?"

Kurze Zeit später nahm ich die Hand wieder von ihrem Rücken weg. Zu ihrem und auch meinem Erstaunen waren die Rückenschmerzen meiner Freundin fast vollständig verschwunden.

Jetzt konnte sie das Fest unbeschwert genießen und feiern. Auch noch die nächsten zwei Tage des Festes.

Ich musste lachen. Heilung geschieht auch an der Biertheke, mit einem Bierglas in der Hand!

# *Pater Pio*

Ein guter Bekannter aus Nordrhein-Westfalen rief mich an. Seine Frau sei sehr krank. Sie waren bei Spezialisten. Ärztliche Befunde hatten ergeben, dass sie Magenkrebs hat. Ein Professor hatte entschieden, dass der Magen und ein Teil des Darmes herausoperiert werden müssen.

Elisabeth, seine Ehefrau war darüber sehr erschüttert. Sie stellte sich dass sehr schlimm vor. Vor allem, was darauf noch folgen würde, die Chemotherapie und all das andere. Das alles wollte sie nicht. Jetzt denke sie sogar an Selbstmord. Sie hätte geäußert, dass sie am liebsten nicht mehr leben, oder am besten gar nicht mehr aus der Narkose aufwachen wollte. Sie hatte furchtbare Angst und war total zusammengebrochen.

Er erzählte mir, dass am kommenden Morgen die Operation sein sollte und fragte mich, ob ich sie nicht im Gebet und mit meiner Arbeit unterstützen könne.

Natürlich stimmte ich zu. Abends zog ich mich zurück, betete für sie und praktizierte eine Fernbehandlung. Dabei kam mir plötzlich Pater Pio in den Sinn.

*(Pater Pio wurde 1999 von Papst Johannes Paul II. selig- und später heiliggesprochen. Er stammte aus Pietrelcina in Italien. Schon zu Lebzeiten wurden ihm zahlreiche Wunder und Heils-taten zugesprochen. Wir können ihn auch heute um Hilfe und Gnaden anrufen.)*

Ich dachte an ihn und bat ihn inniglich um Hilfe für meine Bekannte. Plötzlich spürte ich eine ganz große, starke, friedvolle Kraft um mich herum, die dann langsam wieder wegging. Ich war erstaunt und auch neugierig, was das war und was es bedeutete, konnte mir es aber nicht erklären.

Am nächsten Tag, gegen Abend, rief ich meinen Bekannten an um mich nach dem Befinden seiner Frau zu erkundigen. „Anita", kam es durchs Telefon, „ich glaube fest, dass der Tumor noch eine Stunde vorher, bevor meine Frau operiert wurde, in ihr war." Die Ärzte hatten seine Frau operiert, und nur noch eine kleine Zyste gefunden. Diese hätten sie dann entfernt und den Magen wieder zugenäht. Die Ärzte seien wohl etwas sprachlos gewesen.

Seine Frau war aus der Narkose aufgewacht und mit der Diagnose überglücklich.

Peter erzählte noch, dass auch er für seine Frau gebetet hat. Er hatte ebenso Pater Pio angerufen und zu ihm gesagt: „Wenn du wirklich helfen kannst dann hilf ihr jetzt, du hast jetzt die Möglichkeit, dich zu beweisen!"

Ich war erstaunt! Dass Peter auch Pater Pio anrufen würde, davon hatte ich keine Ahnung.

Später stellte sich heraus, dass sich in der Zyste noch ein kleiner Tumor befunden hat.

Eine Nachbehandlung, sprich eine Chemotherapie war nicht mehr nötig – Pater Pio hat uns unterstützt.

# „Ich bin da"

Gisela erzählte von ihrer momentanen Erschöpfung. Körperlich und seelisch fühlte sie sich im Moment völlig ausgebrannt. Ihr Arzt spreche von einem „Burn-out"-Syndrom.

Die Belastungen in ihrem Leben und auf der Arbeit hätten sie an den Rand ihrer Leistungsmöglichkeiten gebracht. Sie versucht es allen recht zu machen und niemanden zu verletzen. Jetzt habe sie den Eindruck, dass sie in Gedanken, im Kopf überall sei, nur nicht bei sich selbst. Sie fühle sich klein und hilflos.

Wir arbeiteten miteinander und sie wurde ganz unruhig und aufgewühlt. Sie sagte, dass sie das Gefühl hätte, um sich schlagen zu müssen und dies kaum noch zurückhalten zu können.

Ich erzählte ihr, dass ich fest daran glaube das wir, egal was ist, von oben, von Gott noch Unterstützung erfahren können. Über dieses Thema sprachen wir kurz.

Plötzlich stand Gisela auf und sagte, dass sie das Bedürfnis hätte, zu der Herz-Jesu-Statue zu gehen, die auf einem kleinen Schrank im Zimmer stand.

Ich beobachtete sie, wie sie dorthin ging und mit beiden Händen die Statue umfasste.

Mehrere Minuten blieb sie dort stehen.

Dann lies sie die Statue los und drehte sich langsam zu mir um. „Hast du das jetzt auch mitbekommen?", fragte sie mich mit erstauntem Gesicht. Ich verneinte und erklärte, ich hätte nur still dagesessen und Gott darum gebeten, ihr zu helfen.

Dann erzählte sie, dass sie von oben, sie zeigte währenddessen mit der Hand nach oben, die Worte gehört hatte: „Ich bin da!" Immer wieder habe sie die Worte „Ich bin da" gehört.

Gleichzeitig habe sie gespürt, wie sie am Kopf hochgezogen wurde. Dabei nahm sie selbst ihren Kopf in ihre eigenen Hände, als ob sie mit diesen sich selbst nach oben ziehen würde, um mir verständlich zu machen, was sie gerade erlebt hatte.

Sie schüttelte jetzt ständig den Kopf, als ob sie es selbst nicht glauben könnte, was ihr gerade passiert war. Auch habe sie in dieser Zeit ihre Hände nicht von der Statue nehmen können. Diese seien wie festgebunden gewesen, wie festgehalten, aber nicht mit Gewalt. Jetzt nach diesem Geschehen fühle sie sich wieder ganz anders.

„Da hat dich wohl gerade ‚Jemand' wieder aufgerichtet", sagte ich und schaute gleichzeitig nach oben. Ich konnte nicht viel sagen. Was auch? Ich selbst war völlig ergriffen von dem, was Gisela gerade geschehen war.

Noch immer schüttelte sie ab und zu den Kopf und ihr Gesicht sprach Bände, wenn sie die Worte, die sie gehört hatte, wiederholte: „Ich bin da!"

Ein paar Tage später telefonierten wir miteinander.

Ich sagte ihr, dass ich sehr dankbar darüber bin, dass ich dies, was ihr geschehen war, miterleben durfte.

Sie erzählte, dass es für sie zuerst gar nicht einfach gewesen sei. Innerlich hatte sie damals plötzlich so etwas gespürt, als solle sie zu der Statue (dem Symbol für Gott) hingehen.

Sie sei normalerweise ein Kopfmensch und hätte zuerst gedacht, was soll der Quatsch, du spinnst, das bildest du dir ein. Aber irgendwann habe sie dann doch den Mut bekommen und sich darauf eingelassen, auf ihr Innerstes zu hören und zu der Statue hinzugehen.

Jetzt sei sie sich bewusst, dass sie die Kraft habe, alles in ihrem Leben zu schaffen.

# *Frieden*

**„Wenn Gott einem etwas Gutes gibt, dann soll man es auch nützen."**

Diese Worte waren mit das Ausschlaggebende, warum ich mich jetzt an die Öffentlichkeit wende. Lange habe ich darüber nachgedacht.

Ich nahm ein Blatt Papier und schrieb alle Gedanken und Ideen auf, wie ich vorgehen wollte.

Als ich diesen Zettel vor mir liegen sah, war ich mir immer noch nicht ganz sicher, ob dies der richtige Weg war.

Wohin führt das? Was ist der Sinn?

Ein paar Tage zuvor hatte ich ein kleines Damentaschentuch in einer Umzugskiste gefunden, das mir meine verstorbene Tante hinterlassen hatte. Dieses legte ich neben den Text (das Blatt Papier, auf das ich meine Gedanken aufgeschrieben hatte) auf den Tisch.

Dann nahm ich mit Gott Kontakt auf und bat ihn darum mir ein Zeichen, einen Hinweis zu geben. Wenn er es wolle und wenn es gut und der richtige Weg sei, und nur dann möge sich auf diesem Tuch seine göttliche Heilkraft materialisieren.

Ich betete und meditierte noch ein paar Minuten und erlebte dann, dass dies Wunder geschah.

Darüber war ich zuerst einmal sehr dankbar und froh.

Doch irgendwie hatte ich das Gefühl, es reicht nicht. Ich brauche noch etwas, um ganz sicher zu sein. Bei all dem, was ich erlebe und schon erlebt habe, bin ich immer noch sehr kritisch und zweifle auch manchmal noch.

Am nächsten Tag hatte eine Frau, mit der ich schon länger arbeite, einen Termin bei mir. Ich bat sie darum, wenn sie es wolle, das kleine Taschentuch in ihre Hände zu nehmen und zu schauen, ob sie etwas spüre oder wahrnehme. Die Frau willigte ein. Von dem, was am Abend zuvor mit dem Tüchlein geschehen war, dem Text, den ich geschrieben hatte, meinen Gedanken, Hoffnungen und Zweifeln, hatte ich ihr kein Wort erzählt. Davon hatte sie keine Ahnung.

Jedenfalls nahm sie das kleine Tuch zwischen ihre Hände, schloss die Augen und blieb ein paar Minuten ruhig sitzen.

Dann öffnete sie ihre Augen und erzählte sie habe Folgendes erlebt: Sie habe den Himmel über ihr gesehen. Dieser habe sich geöffnet, und zwar so, als wenn Wolken am Himmel wären und diese würden sich an einer kleinen Stelle öffnen, man würde den blauen Himmel sehen und die Sonne würde durchscheinen. Jedenfalls sei von dort ein helles Licht, ganz helle Strahlen auf sie herab gekommen. Dann habe sie eine Taube gesehen, die geflogen kam und sie habe die Worte „Frieden" gehört. Frieden, Frieden, Frieden! Dann seien noch mehr Tauben dazugekommen, die dann auseinander flogen. Und immer wieder habe sie die Worte „Frieden, Frieden, Frieden" gehört!

Ich erinnerte mich daran, dass in der Bibel geschrieben steht, dass Jesus gesagt hat:

**„Meinen Frieden gebe ich euch!"**

All das, was ich erlebt und zum Teil hier aufgeschrieben habe, hat mir geholfen, dass es mir besser geht, körperlich und seelisch.

Heute kann ich über vieles lachen und bin auch dankbar dafür.

Immer wieder werde ich von Menschen danach gefragt, wie sie innere Ruhe und Frieden finden können.

Von „oben" erhielt ich diese Antwort:

    Übe Freundlichkeit

    übe zu lachen

    übe das Schöne und Gute zu sehen

    übe achtsam zu sein

    übe friedvoll zu sein

    übe die Nähe Gottes zu spüren

    übe …

    üben …

    üben …

    üben …

    üben …

    dranbleiben!

> Jeder Mensch hat in seinem Leben
> die Möglichkeit, die Welt ein wenig
> zu verbessern, nämlich sich selbst.

*Und jetzt?*

*Das Leben geht weiter.*

*Einfacher, freier
und klarer.*

Bedanken möchte ich mich bei allen, die mir geholfen und Mut gemacht haben, dieses Buch zu schreiben.

Mein besonderer Dank gilt meinem Mann und meiner Familie für ihr Verständnis und ihre Unterstützung.

Danke all denen, die mit ihren eigenen Berichten das Werk ergänzt und bereichert haben.

Auch einen ganz lieben Dank an Ulrike Trompetter,
an Gaby Schwabenland-Altgeld
und an meine liebe Nachbarin Birgit Irmiter, die mich alle sehr gut beraten haben.

Für ihre Hilfe beim Text, bei der Korrektur und bei der Gestaltung. Auch bei der Suche nach einem Verlag. Und bei vielem, vielem mehr. Besonders auch für ihre allzeit freundliche und liebenswerte Hilfe beim Entstehen dieses Werkes.